Johannes Wahl

Klett

KomplettWissen Englisch

Gymnasium 5.–10. Klasse

Klett Lerntraining

Autor:
Dr. Johannes Wahl ist Gymnasiallehrer für die Fächer
Englisch, Deutsch und Geschichte in Baden-Württemberg.

Dieses Werk basiert auf 978-3-12-926052-4.

Bildquellenverzeichnis:
dpa Picture, Alliance Frankfurt/M., S. 181 (ASSOCIATED PRES); **Fotolia, New York**, S. 85 (ehrenberg-bilder); S. 92 (wajan); S. 172 (Andres Rodriguez); S. 173 (Punto Studio Foto); S. 174 (MarcelS); **iStockphoto, Calgary, Alberta**, S. 94 (Riorita); S. 95 (Wavebreak); S. 176 (Vladone); S. 177 (demerzel21); S. 231 (chapin31); **Shutterstock, New York**, S. 91 (Monkey Business Images); S. 98 (northallertonman); S. 174 (Stuart Monk); S. 175 (William Perugini); S. 176 (saraporn); S. 176 (Jason Patrick Ross); S. 176 (welcomia); S. 178 (Everett Collection); S. 181 (catwalker); S. 224 (jennyt); S. 226 (Stuart Monk); S. 227 (VanderWolf Images); S. 228 (Tooykrub); S. 228 (HLPhoto); S. 229 (EcoPrint)

Bibliografische Information der Deutschen Nationalbibliothek
Die Deutsche Nationalbibliothek verzeichnet diese Publikation in der Deutschen Nationalbibliografie; detaillierte bibliografische Daten sind im Internet über http://dnb.dnb.de abrufbar.

3. Auflage 2018

www.klett-lerntraining.de
Der Zugang zu den Lern-Videos ist bis drei Jahre nach Ersterscheinen des Buches gewährleistet.
Lektorat: Elke Hufnagel, Berlin; Angelique Slaats, Leverkusen
Umschlaggestaltung: Sabine Kaufmann, Stuttgart
Umschlagfoto: www.thomas-weccard.de
Illustrationen: Sven Palmowski, Barcelona: S. 60, 64, 90; Annette Nora Kara, Remseck: S. 96; Marlene Pohle, Stuttgart: S. 136, 198, 243; Klett-Archiv: S. 205
Satz: Arnold & Domnick, Leipzig
Druck: medienhaus Plump GmbH, Rheinbreitbach
Printed in Germany
ISBN 978-3-12-926096-8

Inhalt

Inhalt

7./8. Klasse

Inhalt

9./10. Klasse

Liebe Schülerin, lieber Schüler,

in diesem Buch findest du alle wichtigen Lerninhalte, die du in Englisch von der 5. bis zur 10. Klasse lernst. Es ist genau das richtige Buch für dich, wenn du jederzeit schnell etwas nachlesen und wiederholen möchtest.

So arbeitest du mit diesem Buch:

KomplettWissen Englisch ist übersichtlich aufgebaut, sodass du dich schnell zurechtfindest.

- Das Buch ist in drei große Teile gegliedert:
  - 5./6. Klasse,
  - 7./8. Klasse,
  - 9./10. Klasse.

  Außerdem gibt es noch ein extra Kapitel mit den häufigsten Fehlerquellen.
- Innerhalb der Klassenstufen ist der Lernstoff untergliedert in verschiedene Grammatikthemen, Rechtschreibung, Landeskunde und einige andere.
- Wenn du ein bestimmtes Thema suchst, findest du es also ganz schnell über das Inhaltsverzeichnis.
- Zu jedem Thema gibt es:
  - Definitionen und Regeln,
  - Beispiele, die anschaulich zeigen, wie Regeln angewendet werden
  - Zusammenfassungen, die das Wichtigste kurz und knapp festhalten.

Dieses Buch bietet dir aber noch viel mehr:

Du erhältst einen **kostenlosen** Zugang zu vielen **Lern-Videos** im Internet, die dir schwierige Themen Schritt für Schritt erklären. Immer, wenn es ein passendes Video gibt, findest du dieses Zeichen: **Lern-Video**

So kommst du zu den kostenlosen Lern-Videos online:

Scanne entweder den QR-Code oder gehe auf
www.klett-lerntraining.de/5P8G
und du erhältst eine Übersicht über alle Videos.
Wähle das passende Video aus und los geht's.

Regelmäßige Pluralbildung mit *-s*

Der Plural der meisten Substantive wird gebildet, indem man ein *-s* an die Singularform anhängt. Die Aussprache dieses *-s*-Lautes ([s] oder [z]) richtet sich danach, ob der letzte Laut des Singulars stimmhaft oder stimmlos ist.

Aussprache

Nach stimmlosen Konsonanten [p, t, k] wird das *-s* im Plural [s] ausgesprochen. Du erkennst stimmlose Konsonanten daran, dass sie härter klingen als stimmhafte.

book + s → books [bʊks]
street + s → streets [striːts]
map + s → maps [mæps]

Nach weicher klingenden, stimmhaften Konsonanten [d, g, l, m, n] im Auslaut des Singulars wird das *-s* im Plural [z] ausgesprochen.

board + s → boards [bɔːdz]
pig + s → pigs [pɪgz]
girl + s → girls [gɜːlz]
farm + s → farms [faːmz]
question + s → questions ['kwestʃənz]

Nach Vokalen wird das Plural *-s* ebenfalls [z] ausgesprochen.

banana + s → bananas [bə'naːnəz]
day + s → days [deɪz]
photo + s → photos ['fəʊtəʊz]

Ausnahmen bilden in diesem Zusammenhang die Pluralformen von *potato* und *tomato*, die mit *-es* geschrieben werden.

potato + s → potatoes [pə'teɪtəʊz]
tomato + s → tomatoes [tə'maːtəʊz]

Regelmäßiger Plural mit -es

Endet der Singular mit den Konsonanten *-s*, *-z*, *-x*, *-ch* oder *-sh* und damit mit einem Zischlaut, muss der Plural mit *-es* gebildet werden. Du sprichst die Pluralformen am Ende [-iz] aus.

class + es → classes [klaːsiz]
box + es → boxes [bɒksiz]
bush + es → bushes [bʊʃiz]

Entscheidend ist jedoch der Laut am Ende des Singulars, nicht der Buchstabe, wie du an folgenden Formen, die ein stummes *-e* am Wortende aufweisen, sehen kannst.

cage + (e)s → cages [keɪdʒiz]
house + (e)s → houses ['haʊziz]!

Wenn die Singularform auf *-y* nach einem Konsonanten endet, wird das auslautende *-y* durch *-ie* + *s* ersetzt.

family → families ['fæməlɪz]
baby → babies ['beɪbɪz]

Achte darauf, dass Wörter wie *boy* aus einem gemischten Vokal (Diphthong) bestehen und deshalb ganz normal mit *-s* den Plural bilden (*boys*).

Bei Substantiven, die im Singular auf *-f* oder *-fe* enden, wird der auslautende Konsonant im Plural durch das stimmhafte *-v* ersetzt. Bei dem nachfolgenden *-es* bleibt der Vokal stumm. Das auslautende *-s* sprichst du wegen des stimmhaften Konsonanten ebenfalls stimmhaft [z].

shelf → shelves [ʃelvz]
thief → thieves [θiːvz]
wife → wives [waɪvz]

Zusammenfassung

Der Plural der meisten Substantive wird durch *-s* gebildet. Dabei hängt die Aussprache des Plural *-s* vom Auslaut des Singulars ab. Nach bestimmten Auslauten muss ein *-e* vor das *-s* gesetzt werden, um die Pluralform zu bilden. Dies kann dazu führen, dass auch der Schreibweise der Grundform sich verändert.

Unregelmäßige Pluralbildung

Es gibt eine Reihe von Substantiven, die nicht den bekannten Regeln folgen. Bei manchen dieser Pluralformen ist sowohl die Rechtschreibung als auch die Aussprache besonders zu beachten. Nicht zählbare Substantive können ebenso wie Paarwörter keine Pluralformen bilden.

Pluralformen mit verändertem Wortstamm	
Singular	**Plural**
man [**mæn**]	men [**men**]
woman [**wʊmən**]	women [**w m n**]
child [**tʃaɪld**]	children [**t ldr n**]
foot [**fʊt**]	feet [**fi:t**]
goose [**gu:s**]	geese [**gi:s**]
tooth [**tu: **]	teeth [**ti: **]
mouse [**maʊs**]	mice [**ma s**]

Identische Formen im Singular und im Plural	
Singular	**Plural**
a sheep	In Ireland I saw many sheep.
a fish	There were a lot of fish in the water.
a fruit	Some fruit you have to peel before you can eat them.

Nicht zählbare Substantive

Möchte man bei nicht zählbaren Substantiven die Menge genauer beschreiben, muss man sich mit Angaben wie *pieces, a bottle of* etc. behelfen.

advice	My father gave me **some advice**.
evidence	The police had three **pieces of evidence**.
furniture	Our **furniture** is very old.
hair	Your **hair** is in a mess.
homework	We've got a lot of **homework** in Maths.
information	They had no **information** about the football results.
water	Could you give me a **bottle of water**, please?
chocolate	I have got three **bars of chocolate**.
coffee	Two **cups of coffee**, please!

Singulare Form mit pluraler Bedeutung

Ähnlich wie *staff* kommt *police* nur in einer Singularform vor. Beides sind Sammelbegriffe für eine Gruppe von Menschen, die nach englischem Denken eine Verbform im Plural benötigen.

So far the **police have** three suspects for the murder.	*Bis jetzt hat die Polizei drei Verdächtige für den Mord.*

Paarwörter (*trousers, glasses*)

Alle Substantive, die nach englischem Verständnis aus zwei Teilen bestehen, wie z. B. zwei Hosenbeine bei einer Hose, können nur in einer Pluralform verwendet werden.

Um Substantive wie *jeans, pants, pyjamas, shorts, tights, trousers* eindeutig als Singular oder Plural zu bestimmen, müssen Angaben wie *a/one, two … pairs of* ergänzt werden.

He was only wearing **a pair of shorts** when I saw him on the beach.
Paula bought **three pairs of jeans**.
"Which **pair of pyjamas** shall I put on?", Robert thought.

Dies gilt für alle Dinge, die aus zwei gleichen Teilen bestehen, wie etwa *glasses*, *headphones* oder *scissors*.

(sun)glasses	There were **two pairs of sunglasses** on the table. He didn`t know which were his.
headphones	With his **headphones** Bryan could listen to hard rock music.
scissors	She cut the paper with **a pair of scissors** into two halves.

Zusammenfassung

Nicht alle Pluralformen lassen sich aus Regeln ableiten. Dazu gehören vor allem Substantive mit verändertem Wortstamm im Plural. Achte auf die nicht zählbaren Substantive und Paarwörter, die keine Pluralform haben.

Der Genitiv

Lern-Video

Mit dem Genitiv drückt man aus, dass jemandem etwas gehört oder ihm zuzuordnen ist. Es gibt im Englischen grundsätzlich zwei Möglichkeiten, den Genitiv zu bilden:

- Der *`s*-Genitiv steht bei Personen (und Tieren).
- Der *of*-Genitiv steht bei Sachen.

1. Der *`s*-Genitiv

Bildung des *`s*-Genitivs

Steht die Person (z. B. *Kim, the man*) im Singular, hängst du einen Apostroph (`) und ein *s* an das Substantiv.
Die Schreibweise im Englischen weicht von der deutschen Rechtschreibung ab, da wir im Deutschen keinen Apostroph in diesem Zusammenhang verwenden! Manchmal muss im Deutschen auch eine andere Wortstellung benutzt werden!

Sarah`s sister is eleven years old.	*Sarahs Schwester ist elf Jahre alt.*
The **woman`s bag** is on the table.	*Die Tasche der Frau steht auf dem Tisch.*

Diese Regel gilt auch für Pluralformen von Substantiven, die den Plural unregelmäßig bilden:

The **children`s teacher** is Miss Jones.	*Die Lehrerin der Kinder ist Miss Jones.*
The **men`s office** is in Oxford Street.	*Das Büro der Männer ist in der Oxford Street.*

Regelmäßige Pluralformen enden bereits auf *-s*. Um zu vermeiden, dass noch ein weiteres *-s* angehängt wird und um das Genitiv-*s* deutlich von der Pluralform zu unterscheiden, wird in diesen Fällen nur noch einen Apostroph angefügt. Die Aussprache verändert sich gegenüber dem Plural nicht.

The **girls` bikes** are new.	*Die Fahrräder der Mädchen sind neu.*
My **parents` house** is big.	*Das Haus meiner Eltern ist groß.*

Die Aussprache des Genitiv-*s* folgt generell den Regeln des Plural-s. Ein stimmloser Konsonant im Auslaut führt dazu, dass das Genitiv-*s* [s] ausgesprochen wird. Bei einem stimmhaften Konsonant oder einem Vokal wird es zu [z].

our cat`s [kæts] name

mum`s [z] hobby ['hɒbɪ]

2. Der Genitiv mit *of*

Der Genitiv mit *of* drückt eine Zuordnung oder Zugehörigkeit zu einer Sache aus. Die Sache, die durch den Genitiv näher bestimmt werden soll, steht in der *of-phrase*.

This is **the end of the road**. (*wessen Ende? – der Straße*)
Big Ben is in **the centre of London**. (*in wessen Zentrum? – Londons*)
Mike is **a member of our basketball team**. (*wessen Mitglied? – unseres Teams*)

Ferner kann mit einer *of-phrase* eine Mengenangabe bestimmt werden. Dies gilt vor allem für nicht zählbare Substantive.

He had **three pieces of cake**.
Don't forget to bring **two bottles of water**!

Ausnahmen bei beiden Genitiv-Formen

Leider gibt es eine ganze Reihe von Ausnahmen. Während die *of-phrase* normalerweise bei Personen falsch ist, kann sie in geläufigen Wendungen (z. B. *friend of*) vorkommen bzw. wenn die Person näher definiert wird.

She is **a friend of mine**. (= she is one of my friends)
Victoria Beckham is the **wife of one of the best English football players**.

Umgekehrt verwendest du den *'s*-Genitiv für bestimmte Zeitangaben (*last month, today, an hour*) und bekannte Ortsangaben. Bei den Orten wird das Bezugswort (z. B. *shop, house*) in der Regel weggelassen.

Last week's class test was difficult.
I bought that at **Sainsbury's**. (im Sainsbury Supermarkt)
You should go to **the doctor's**. (zum Arzt)

Zusammenfassung

- Der Genitiv wird im Englischen bei Personen mit einem Apostroph gebildet. Im Singular und bei unregelmäßigen Pluralformen wird nach dem Apostroph ein *s* angehängt.
- Bei Sachen wird der Genitiv mit *of* gebildet.

Der Artikel

Der bestimmte Artikel

Während es im Deutschen mit *der, die, das* für männliche, weibliche oder sächliche Substantive im Singular und im Plural jeweils verschiedene bestimmte Artikel gibt, kommt das Englische mit einer einzigen Form aus.
Der bestimmte Artikel wird immer dann verwendet, wenn von einer bestimmten Person oder Sache die Rede ist.

Aussprache

Obwohl die Form immer dieselbe ist, richtet sich die Aussprache nach dem Anfangslaut (nicht dem Anfangsbuchstaben) des folgenden Wortes.

- Beginnt das Wort unmittelbar nach dem Artikel mit einem gesprochenen Konsonanten, ist die Aussprache [ðə].
- Beginnt das folgende Wort mit einem gesprochenen Vokal, wird der bestimmte Artikel [ðɪ] ausgesprochen.

[ðə]	[ðɪ]
the car	the old car
the woman	the apples
the unit [ˈjuːnɪt]	the uncle
the uniform [ˈjuːnɪfɔm]	the hour [ˈaʊə(r)]
the red bike	the untidy room

Gebrauch

Der Gebrauch des bestimmten Artikel scheint auf den ersten Blick ziemlich einfach zu sein, da es ja nur eine Form gibt. Die Verwendung des Artikels gehört jedoch zu den häufigsten Fehlerquellen im Englischen, da es viele Ausnahmen und gegenüber dem Deutschen viele Abweichungen im Gebrauch gibt.
Der bestimmte Artikel darf nur verwendet werden, um eine bekannte Person oder Sache näher zu bestimmen.

Bei der erstmaligen Nennung einer Person oder Sache im Text darf der bestimmte Artikel nicht gebraucht werden. Hier muss der unbestimmte Artikel verwendet werden. Erst im Folgenden ist der bestimmte Artikel richtig eingesetzt.

I saw **a boy** in Nottingham Castle. **The boy** had red hair.

Möchtest du eine allgemeine Aussage über Lehrer, Mädchen etc. treffen, ist der bestimmte Artikel ebenfalls fehl am Platz. Nur wenn du eine konkrete Person oder näher definierte Personen meinst, darf der bestimmte Artikel gebraucht werden.

Girls are crazy.
The girls in my class are crazy.

Aus diesem Grund steht bei *most* im Englischen niemals der Artikel, da damit nicht bestimmt werden kann, wen du meinst! Im Gegensatz dazu muss im Deutschen der Artikel verwendet werden.

Most boys like football. | *Die meisten Jungen mögen Fußball.*

Eine Besonderheit ergibt sich aus den zwei Bedeutungsmöglichkeiten von *school*: Dies kann sich sowohl auf den Unterricht als auch auf das konkrete Gebäude beziehen. Nur wenn du auf das Schulgebäude verweisen möchtest, musst du den bestimmten Artikel verwenden.

Ron doesn`t like school very much. (= Unterricht)
The school in Arndale Road is old. (= konkretes Gebäude)

Generell ohne bestimmten Artikel stehen im Englischen folgende Ausdrücke:

Eigennamen	**Tim** has come late.
Straßennamen	The school is on **King Street**.
Städte	They come from **Chester.**
Länder	He has lived in **England** for ten years.
Jahreszeiten / Monate / Wochentage	It`s cold in **winter**. But it`s warm in **May**. On **Thursdays** I go swimming.
Mahlzeiten	What did you have for **breakfast**?
Verkehrsmittel	A lot of children go to school by **bus.**

Zusammenfassung

Es gibt nur eine Form des bestimmten Artikels. Die Aussprache richtet sich nach dem Anfangslaut des folgenden Wortes. Der bestimmte Artikel verweist auf eine näher bestimmte, bekannte Person oder Sache. Achte auf die vielen Ausnahmen!

Der unbestimmte Artikel

Der unbestimmte Artikel beschreibt nicht näher bestimmte Personen oder Dinge. Er hat – je nach Anfangslaut des nachfolgenden Wortes – die Form *a* oder *an*.

Genauso wie beim bestimmten Artikel ist der Anfangslaut (nicht der Anfangsbuchstabe!) des unmittelbar folgenden Wortes entscheidend.

- Beginnt das folgende Wort mit einem gesprochenen Konsonanten, verwendest du die Form *a*: *a green apple, a wrong answer, a black box, a German policeman, a long hour, a useful book.*
- Fängt das nachfolgende Wort jedoch mit einem gesprochenen Vokal an, so musst du *an* als Form des unbestimmten Artikels nehmen: *an apple, an answer, an empty box, an English policeman, an hour, an unusual story.*

Gebrauch

Meist wird der unbestimmte Artikel im Englischen wie in der deutschen Sprache verwendet. Es gibt jedoch auch einige Fälle, in denen sich der Gebrauch vom Deutschen unterscheidet. Der unbestimmte Artikel steht bei:

Nationalitäten	The cool boy over there must be **an American.** *Der coole Junge da drüben muss Amerikaner sein.* Are you **a German?** *Bist du Deutscher?*
Berufs-bezeichnungen	Dave's father is **a park ranger.** *Daves Vater ist Ranger in einem Nationalpark.* Do you think I should become **a computer scientist?** *Meinst du, ich sollte Informatiker werden?*
Mengenangaben	The tomatoes are 60 cents **a pound.** *Die Tomaten kosten 60 Cent das Pfund.* The watermelons are $2 **a piece.** *Die Wassermelonen kosten zwei Dollar pro Stück.*
Zeitangaben	This drive-in restaurant is open 24 hours **a day.** *Dieses Drive-in-Restaurant hat 24 Stunden am Tag geöffnet.* The speed limit in the US is 55 miles **an hour.** *Man darf in den USA 55 Meilen pro Stunde fahren.*

Zahlen (a hundred, a thousand)	**A hundred** years ago people lived without mobile telephones. *Vor hundert Jahren lebten die Menschen ohne Handy.*
Krankheiten	I've got **a headache.** *Ich habe Kopfschmerzen.*
nach: quite, such, half, what, as	It was **such a** good movie! *Es war solch ein guter Film!* He went home **half an** hour ago. *Vor einer halben Stunde ging er nach Hause.* **What a** surprise! *Was für eine Überraschung!*
in bestimmten Redewendungen	**a long time** ago *vor langer Zeit* in **a hurry** *in Eile* to have **a shower** *sich duschen* to ride **a bike** *Rad fahren* to go for **a walk** *spazieren gehen*

Zusammenfassung

- Der unbestimmte Artikel liegt in zwei Formen vor: Je nach Anfangslaut des folgenden Wortes ist es *a* oder *an*.
- Es gibt eine Reihe von Fällen, bei denen sich der Gebrauch des unbestimmten Artikels im Deutschen und Englischen unterscheidet.

Lern-Video

Some, any und ihre Zusammensetzungen

Möchtest oder kannst du dich nicht festlegen, von wie vielen Personen oder Dingen du sprichst, kannst du die unbestimmten Mengenangaben *some* und *any* verwenden. Beide haben dieselbe Grundbedeutung (*etwas, einige, irgendwelche(s)*), doch werden sie ganz unterschiedlich benutzt und erhalten dadurch auch unterschiedliche Bedeutungen. Vielfach bleiben sie unübersetzt.

some oder *any*

Für Fußballfans des VFB (Stuttgart) ist es leicht zu merken, wann welche Form richtig ist. *Any* verwendet man in V – F – B Sätzen.

V(erneinungen)	I haven`t learnt any **vocabulary**.	*Ich habe keine Vokabeln gelernt.*
F(ragen)	Did you buy **any potatoes**?	*Hast du Kartoffeln gekauft?*
B(edingungen)	If I see **any policemen**, I will ask them for help.	*Wenn ich (irgendwelche) Polizisten sehe, frage ich sie um Hilfe.*

Some gebraucht man in bejahten Sätzen.

I`m going to buy **some new CDs**. | *Ich habe vor, mir ein paar neue CDs zu kaufen.*

Eine Ausnahme von dieser Grundregel besteht darin, dass *some* in Fragen verwendet wird, die eine höfliche Bitte oder ein höfliches Angebot ausdrücken.

Could I have **some pocket money**, please? | *Könnte ich bitte etwas Taschengeld bekommen?*
Would you like **some fruit**? | *Möchtest du (etwas) Obst?*

Aufgrund ihrer unterschiedlichen Verwendungsweise kann es daher vorkommen, dass man in Dialogen oder kleinen Textpassagen *some* durch *any* (oder umgekehrt) ersetzen muss.

I`m hungry. Have we got **any biscuits**? – We`ve got **some (biscuits)** in the kitchen. | *Ich habe Hunger. Haben wir Kekse? – Wir haben ein paar in der Küche.*

Die Zusammensetzungen *somebody, something, somewhere* bzw. *anybody, anything, anywhere* werden genauso wie die Grundformen *some* und *any* verwendet.

Verneinungen	I can`t see **anybody**.	*Ich kann niemanden sehen.*
	Bob hasn`t done **anything** against the ants in the kitchen.	*Bob hat nichts gegen die Ameisen in der Küche unternommen.*
Fragen	Have you seen mum **anywhere?**	*Hast du Mama (n)irgendwo gesehen?*
Bedingungen	If you tell **anybody** about it, then I`ll be in big trouble.	*Wenn du jemandem davon erzählst, bekomme ich großen Ärger.*
Bejahte Sätze	**Somebody** called me late last night.	*Irgendjemand hat mich gestern spät in der Nacht angerufen.*
Frage als Bitte / Angebot	May I sleep **somewhere** in your room?	*Kann ich irgendwo in deinem Zimmer schlafen?*
	Do you want **something** to drink?	*Möchtest du etwas zu trinken?*

Zusammenfassung

Some und *any* haben dieselbe Grundbedeutung, werden aber in völlig unterschiedlichen, im Grunde gegensätzlichen Zusammenhängen gebraucht.

- *Some* und seine zusammengesetzten Formen werden in bejahten Sätzen und Fragen, die als Bitte oder höfliches Angebot gemeint sind, verwendet.
- *Any* und seine Formen stehen bei Verneinungen, Fragen und Bedingungen.

Much und many

Zu den Substantivbegleitern, die ebenfalls keine genau bestimmbare Angabe über die Menge oder Anzahl machen, gehören auch *much* und *many*. Beide haben dieselbe Grundbedeutung (*viel(e)*), doch werden sie ganz unterschiedlich gebraucht. Beiden gemeinsam ist, dass sie vor allem in Fragen und verneinten Aussagen eingesetzt werden. *Much* verwendet man jedoch bei nicht zählbaren Substantiven, *many* bei zählbaren Substantiven.

much

Der Begleiter steht nur bei Substantiven im Singular, die nicht zählbar sind.

How **much homework** have you got?
How **much time** did you spend in Wales?
Don`t eat so **much cake**!

Bezieht sich *much* auf ein Verb, so besitzt es meist die Bedeutung **sehr**.

Do you **like** England very **much**? | *Gefällt dir England sehr?*

many

Im Gegensatz zu *much* verwendet man *many* bei Substantiven, die im Plural stehen und zählbar sind.

How **many hours** do you spend in front of the TV?
I didn`t like **many songs** from the new CD.
Are there **many boys** in your class?

In bejahten Aussagen mit zählbaren und nicht zählbaren Substantiven steht meistens *a lot of*.

There were **a lot of** actors on the stage.

In bestimmten Redewendungen ist es jedoch nicht möglich, *much* bzw. *many* zu ersetzen. Zu diesen zählen:

as much as / as many as
so much / so many
too much / too many
how much / how many
very much

A few, a little

Die Verwendung von *a few* und *a little* hängt ebenfalls davon ab, ob das begleitete Substantiv zählbar oder nicht zählbar ist. *A few* nimmt man bei zählbaren Substantiven, *a little* begleitet nicht zählbare Dinge oder Personen. Beide Ausdrücke können in allen Satzarten uneingeschränkt verwendet werden.

a few *(einige wenige, ein paar)*

Can you get me **a few books**?	*Kannst du mir ein paar Bücher besorgen?*
There are **a few friends** at the party.	*Es sind ein paar Freunde auf der Party.*

a little *(ein wenig)*

Have you got **a little more time**?	*Haben Sie etwas mehr Zeit?*
May I have **a little milk** for my tea.	*Könnte ich ein wenig Milch für meinen Tee haben?*

A little kann jedoch nicht nur als Mengenangabe gebraucht werden, sondern auch als Attribut. In diesem Fall bedeutet es *klein*.

I saw **a little** girl.	*Ich sah ein kleines Mädchen.*

Zusammenfassung

Die unbestimmten Mengenangaben *much* und *many* sowie *a few* und *a little* kann man in Bezug auf die Substantive, die sie begleiten, einteilen.
Much und *a little* begleiten nicht zählbare Substantive.
Many und *a few* stehen dagegen bei zählbaren Personen oder Sachen.

Possessivpronomen

Possessivpronomen drücken Besitz oder Zugehörigkeit aus und können Substantive begleiten und ersetzen. Je nach Person und Verwendung haben Possessivpronomen unterschiedliche Formen.

Possessivbegleiter

my (1. Pers. Sing.)	I can`t find **my** pencil case.
your (2. Pers. Sing.)	Are **your** folders at home?
his / her / its (3. Pers. Sing.)	I know **his** friends. Sarah saw the girls in **her** class. The dog loves **its** food.
our (1. Pers. Pl.)	There is **our** neighbour, Mr. Burton.
your (2. Pers. Pl.)	Becky and Simon, **your** parents are over there.
their (3. Pers. Pl.)	Who is the tutor of Robert and Mike? – Mr Jones is **their** tutor.

!

Der Possessivbegleiter *its* wird häufig mit der Kurzform von *it is (it`s)* verwechselt. Der Begleiter wird ohne Apostroph geschrieben.
Ferner wird oft die 3. Person Plural des Possessivpronomens *their* mit dem Ersatzsubjekt *there* durcheinander gebracht.

Possessivpronomen

In den folgenden Formen können Possessivpronomen für sich stehen. Vielfach werden sie verwendet, um das ursprünglich näher bestimmte Substantiv nicht zu wiederholen.

mine (1. Pers. Sing.)	Is this my book? – No, it`s **mine**.
yours (2. Pers. Sing.)	That`s my bike, not **yours**, Tim.
his / hers (3. Pers. Sing.)	Are these her friends? – No, they are **his**. Do you mean Mrs Dixon`s bag? – **Hers** is black.
ours (1. Pers. Pl.)	Your parents allow you to go the party, but **ours** say no.
yours (2. Pers. Pl.)	What about the CDs? Kim and Sarah, are these **yours**?
theirs (3. Pers. Pl.)	Our house is bigger than **theirs**.

Die Form *its* (3. Pers. Sing.) kommt äußerst selten vor.

Demonstrativpronomen

Ähnlich wie Possessivpronomen können Demonstrativpronomen als Begleiter eines Substantivs auftreten oder auch für sich stehen. Sie besitzen in beiden Fällen jedoch dieselbe Form.
Die Demonstrativpronomen *this* (sing.) und *these* (pl.) verweisen auf Personen oder Dinge, die in deiner Nähe sind. *That* (sing.) and *those* (pl.) beschreiben Substantive, die weiter entfernt sind. Häufig wird gleichzeitig auf das Bezugswort gezeigt.

this / these

This biro on the table is mine.	*Dieser Kugelschreiber auf dem Tisch ist meiner.*
These cars are quite expensive.	*Diese Autos sind ziemlich teuer.*
Have you seen **this one** here?	*Hast du diesen hier gesehen?*

!

This and *these* werden sehr häufig verwechselt!
This steht bei Substantiven im Singular, *these* bei Pluralformen.

This und *these* werden häufig zusammen mit *here* verwendet, bei *that* und *those* steht dagegen oft die Angabe *over there*.

that / those

That actor over there is Tom Hanks.	*Jener Schauspieler da drüben ist Tom Hanks.*
I hate **those crazy boys** over there.	*Ich hasse jene verrückten Jungs da drüben.*

Zusammenfassung

Possessivpronomen zeigen Besitz oder Zugehörigkeit an. Sie können Substantive begleiten oder für sich stehen. Für jede Person gibt es eine eigene Form.
Demonstrativpronomen verweisen auf Personen oder Dinge in der Nähe bzw. Ferne.

Personalpronomen

Personalpronomen stehen anstelle eines Substantivs. Sie können sowohl Subjekt als auch direktes oder indirektes Objekt eines Satzes sein. Für die unterschiedlichen Verwendungsweisen gibt es verschiedene Formen.

Subjekt- und Objektformen im Überblick

	Subjektform	Objektform
1. Pers. Sing.	I	me
2. Pers. Sing.	you	you
3. Pers. Sing.	he she it	him her it
1. Pers. Pl.	we	us
2. Pers. Pl.	you	you
3. Pers. Pl.	they	them

It steht generell für Dinge (oder Tiere ohne Namen).
They bzw. *them* können für Personen oder Dinge stehen.
Alle anderen Pronomen verweisen auf Personen oder Tiere.

You kann sowohl Subjekt oder Objekt im Satz sein. Darüber hinaus ist die Form im Singular wie im Plural gleich.

Subjektform

You are my best friend. | *Du bist mein bester Freund.*
You are my best friends. | *Ihr seid meine besten Freundinnen.*

Objektform

I saw **you** at the playground yesterday. | *Ich sah dich / euch gestern auf dem Spielplatz.*

Her kann sowohl Personalpronomen wie Possessivbegleiter sein.

I met	**her**	on	**her**	new bike.
Ich traf	*sie*	*auf*	*ihrem*	*neuen Fahrrad.*

Alle anderen Formen der Personalpronomen sind eindeutig.

Das Englische unterscheidet jedoch bei den Pronomen nicht wie die deutsche Sprache zwischen direktem und indirektem Objekt. Im englischen Satz ist die jeweilige Verwendung nur aus dem Zusammenhang erkennbar. Ferner ist dies bei der Übersetzung zu beachten.

Direkte und indirekte Objektformen im Vergleich

Pronomen	Direktes Objekt	Indirektes Objekt
me	*mich* They don`t know **me**. *Sie kennen **mich** nicht.*	*mir* Give **me** the book! *Gib **mir** das Buch!*
you	*dich* Here is the new Harry Potter for **you**! *Hier ist der neue Harry Potter (Band) für **dich**.*	*dir* May I help **you**? *Kann ich **dir** helfen?*
him / her / it	*ihn* Take **him** home! *Nimm **ihn** mit nach Hause!* *sie* I found **her** in the kitchen. *Ich fand **sie** in der Küche.*	*ihm* Ben told **him** the complete story. *Ben erzählte **ihm** die ganze Geschichte.* *ihr* You mustn`t believe **her**! *Du darfst **ihr** nicht glauben!*
us	*uns* Can you see **us** in the photo? *Kannst du **uns** auf dem Photo sehen?*	*uns* Robert is playing football with **us** today. *Robert spielt heute mit **uns** Fußball.*
you	*euch* Kate called **you** this morning. *Kate hat **euch** heute Morgen angerufen.*	*euch* I`ve bought some new toys for **you**. *Ich habe **euch** (ein paar) neue Spielsachen gekauft.*
them	*sie* We met **them** in May. *Wir trafen **sie** im Mai.*	*ihnen* The Beatles? You can`t compare **them** to the Backstreet Boys! *Die Beatles? Du kannst die Backstreet Boys nicht mit **ihnen** vergleichen!*

Zusammenfassung

Personalpronomen haben je nach Person und Verwendung unterschiedliche Formen. Die Objektformen können für ein direktes oder indirektes Objekt im Satz stehen.

Ersatzformen für Substantive (there, one, ones)

Neben Pronomen gibt es mit *there* und *one/ones* weitere Ersatzformen für Substantive. Diese können anstelle eines Subjektes oder Objektes im Satz verwendet werden.

there als Ersatzsubjekt

Möchtest du auf etwas hinweisen, ohne jedoch den Urheber eines Sachverhalts zu kennen, kannst du dies mit dem unpersönlichen Subjekt *there* tun. Dies geht jedoch nur mit *to be* als Vollverb.
Bei einzelnen Dingen oder Personen nimmt man *there is*, bei mehreren die Pluralform *there are*.

There is a new book by J.K. Rowling.	*Es gibt ein neues Buch von J.K. Rowling.*
There are some words I don`t know.	*Es gibt einige Wörter, die ich nicht kenne.*

Die Kurzform *there`s* wird für Gespräche oder private Schreiben verwendet.

There`s a crazy boy in my class.	*Es gibt einen verrückten Junge in meiner Klasse.*

! Verwechsle nicht *there* mit dem gleich ausgesprochenen Possessivpronomen *their* (*ihr*) oder mit *they`re* (*sie sind*).

In den meisten Fällen wird *there is/there are* im Deutschen nicht mit einer Form von *sein* wiedergegeben, sondern mit der unpersönlichen Formel *es gibt*.

There was a concert in London yesterday evening.	*Es gab gestern Abend ein Konzert in London.*

Das Stützwort *one / ones*

In der Regel hört es sich komisch an, wenn ein Substantiv im selben oder unmittelbar folgenden Satz noch einmal wiederholt wird. Um dies zu vermeiden, kann man bei Personen Pronomen verwenden. Bei zählbaren Substantiven kannst du auch das Stützwort *one* bzw. die Pluralform *ones* gebrauchen.

When Becky saw Paul in school, **they** talked about **their** homework.	*Als Becky Paul in der Schule sah, sprachen sie über ihre Hausaufgaben.*
John bought three apples, two green **ones** and a red **one**.	*John hat drei Äpfel gekauft, zwei grüne und einen roten.*

Gebrauch

Längst nicht alle Substantive sind zählbar. Solche nicht zählbaren Substantive wie z. B. *furniture, homework, coffee, water* kann das Stützwort *one / ones* nicht ersetzen.

One / ones steht nach

(1) Adjektiven

Which CD do you want? – The new **one**.	*Welche CD willst du? – Die neue.*

(2) *which*

We`ve got two sandwiches. Which **one** do you like?	*Wir haben zwei belegte Brote. Welches möchtest du?*

(3) *this, that* oder *the*

Have you read all these books? – Oh, look, I know this **one**.	*Hast du alle diese Bücher gelesen. – Oh, schau mal. Das kenne ich.*

Zusammenfassung

Neben Pronomen gibt es noch weitere Ersatzformen für Substantive. *There* kann in Verbindung mit *to be* als Ersatzsubjekt verwendet werden. Im Deutschen muss dies meistens mit *es gibt* wiedergegeben werden. Zählbare Substantive können durch das Stützwort *one / ones* ersetzt werden, um Wiederholungen zu vermeiden.

To be

Die wichtigen Verben *to be, to have (got)* und *to do* können sowohl Hilfsverben als auch Vollverben sein. Darüber hinaus verfügen sie über Lang- und Kurzformen. Alle drei Verben werden auch in Kurzantworten verwendet.

Bildung der Formen von *to be* im *simple present*

Die Kurzform im bejahten Satz wird gebildet, indem der Anfangsvokal der jeweiligen Form von *to be* ausgelassen und durch einen Apostroph ersetzt wird. Bei der Verneinung fällt in der Kurzform der unbetonte Vokal aus *not* weg und wird durch einen Apostroph ersetzt. Die Form von *to be* und *n't* verschmelzen zu einem Wort. Eine Ausnahme bildet die Form für die 1. Person Singular (*I'm not*).

	Bejahter Satz		Verneinung	
	Langformen	**Kurzformen**	**Langformen**	**Kurzformen**
Singular	I am	I'm	I am not	I'm not
	you are	you're	you are not	you aren't
	he is she is it is	he's she's it's	he is not she is not it is not	he isn't she isn't it isn't
Plural	we are	we're	we are not	we aren't
	you are	you're	you are not	you aren't
	they are	they're	they are not	they aren't

Achtung Verwechslungsgefahr!

It's ist sowohl die Kurzform von *it is* als auch von *it has*. Die richtige Bedeutung ist nur aus dem Zusammenhang erschließbar. Darüber hinaus wird die Kurzform häufig mit dem Possessivbegleiter *its* verwechselt. Der Begleiter wird jedoch ohne Apostroph geschrieben.

It's ten o'clock now.	***Es ist*** *jetzt zehn Uhr.*
This is Brad's dog. **Its** name is Cheeky.	*Das ist Brads Hund.* ***Sein*** *Name ist Cheeky.*

Die Kurzfom *they're* wird ebenfalls oft mit dem gleich ausgesprochenen Possessivbegleiter *their* (*ihr*) und dem Ersatzsubjekt *there* (*dort, es gibt*) verwechselt.

They're in my tutor group.	***Sie sind** in meiner Klasse.*
Their tutor is Mr. Jones.	***Ihr** Klassenlehrer ist Mr. Jones.*
There are a lot of pupils in his class.	***Es gibt** eine Menge Schüler in seiner Klasse.*

Gebrauch

(1) Formen von *to be* kommen sehr häufig in Wh-Fragen (*who, what, where, why, how?*) und Entscheidungsfragen vor. Häufig wird die Form *to be* nach den Fragewörtern verkürzt (z. B. *who's*).

(2) Bei Entscheidungsfragen solltest du nicht einfach mit *yes* oder *no* reagieren, sondern mit einem kurzen Satz antworten. Dabei greifst du einfach die Form von *to be* wieder auf.

Übersicht über die möglichen Kurzantworten

Entscheidungsfrage	Yes, ...	No, ...
Are you hungry?	Yes, I am.	No, I'm not / am not.
Am I late?	Yes, you are.	No, you aren't / are not.
Is Robert his friend?	Yes, he is.	No, he isn't / is not.

Bei bejahenden Antworten sind keine Kurzformen möglich! Im Gegensatz dazu werden bei Verneinungen solche Formen häufig verwendet. Die Langform wird in der Verneinung nur benutzt, wenn sie besonders betont werden soll.

(3) Kurzformen werden in Gesprächen, privaten Briefen bzw. E-Mails verwendet. Langformen hingegen verwendest du in Zeitungstexten und formellen Briefen.

Zusammenfassung

Im *simple present* gibt es für *to be* Kurz- und Langformen für bejahte sowie für verneinte Sätze. Diese Formen werden in unterschiedlichen Zusammenhängen gebraucht. Die Regeln für die Gegenwart gelten auch für das *simple past* bzw. das *will-future*.

To have (got)

To have (got) wird sowohl als Vollverb als auch als Hilfsverb verwendet. Wird es als Vollverb gebraucht, ergänzt man im britischen Englisch die Form von *to have* durch das unveränderliche *got*. Im amerikanischen Englisch ist das nicht üblich.

Bildung der Formen im *simple present*

Die Kurzform wird gebildet, indem die ersten beiden Buchstaben von *have* bzw. *has* ausgelassen und durch einen Apostroph ersetzt werden.
Bei der Verneinung schiebt sich *not* zwischen die beiden Prädikatsteile. In der Kurzform verschmelzen die Form von *have* und *not* zu einem Wort. Der Apostroph steht hier anstelle des unbetonten Vokals bei *not*.

	Bejahter Satz		**Verneinung**	
	Langformen	**Kurzformen**	**Langformen**	**Kurzformen**
Singular	I have (got)	I've got	I have not (got)	I haven't (got)
	you have (got)	you've got	you have not (got)	you haven't (got)
	he has (got) she has (got) it has (got)	he's got she's got it's got	he has not (got) she has not (got) it has not (got)	he hasn't (got) she hasn't (got) it hasn't (got)
Plural	we have (got)	we've got	we have not (got)	we haven't (got)
	you have (got)	you've got	you have not (got)	you haven't (got)
	they have (got)	they've got	they have not (got)	they haven't (got)

Es gibt im *simple present* nur zwei Formen. Besonders merken musst du dir im Grunde nur die Form für die 3. Person Singular (*has* (*got*)), da diese von allen anderen abweicht. Im *simple past* ist die Form *had* für alle Personen gleich.

Gebrauch

(1) Formen von *to have (got)* kommen sehr häufig in Wh-Fragen und Entscheidungsfragen vor. Häufig wird die Form *to have* nach den Fragewörtern verkürzt.

Where**'ve** you been?	*Wo bist du gewesen?*
Who**'s** got my pencil?	*Wer hat meinen Bleistift?*

(2) Es gilt als unhöflich, wenn du auf Entscheidungsfragen einfach mit *yes* oder *no* reagierst. Deshalb solltest du mit einem kurzen Satz antworten. Dabei greifst du einfach die Form von *to have* wieder auf. Allerdings wird *got* nicht mehr genannt.

Übersicht über die möglichen Kurzantworten		
Entscheidungsfrage	**Yes, ...**	**No, ...**
Have you got my CD? Has he got our tickets? Have we got a football?	Yes, I have. Yes, he has. Yes, we have.	No, I haven't / have not. No, he hasn't / has not. No, we haven't / have not.

Bei bejahenden Antworten sind keine Kurzformen möglich! Im Gegensatz dazu werden bei Verneinungen solche Formen häufig verwendet. Die Langform wird in der Verneinung nur benutzt, wenn sie besonders betont werden soll.

(3) Kurzformen werden in Gesprächen, privaten Briefen bzw. E-Mails verwendet. Langformen hingegen verwendest du beim Schreiben von formellen Texten.

(4) Während im britischen Englisch *to have* als Vollverb vor allem beim Sprechen in der Regel durch *got* ergänzt wird, ist dies im amerikanischen Englisch nicht üblich.

Britisches Englisch	**Amerikanisches Englisch**
Laura's **got** problems learning German.	Laura **has** problems learning German.

(5) Als Hilfsverb wird *to have* – ohne *got*! – zur Bildung des *present perfect* gebraucht. Während im Deutschen das Perfekt manchmal mit *sein* gebildet wird, musst du im Englischen stets eine Form von *have* nehmen.

The Pakistani family **has moved** to Bradford.	*Die pakistanische Familie **ist** nach Bradford **gezogen**.*

Zusammenfassung

- Kurzformen sind in verneinten Kurzantworten und im mündlichen Sprachgebrauch üblich.
- Als Vollverb verwendet man häufig die zusammengesetzte Form *to have got*. Im amerikanischen Englisch, in der Verwendung als Hilfsverb und in Kurzantworten steht *to have* für sich.

To do

Das Verb *to do* kann Vollverb oder Hilfsverb sein. Als Vollverb besitzt es die Bedeutung *machen* bzw. *erledigen*. Als Hilfsverb verwendet man es für Verneinungen, Verbote und Fragen. In diesen Fällen bleibt es unübersetzt.

Bildung der Formen im *simple present*

Kurzformen gibt es nur in der Verneinung, d.h. nicht in bejahten Sätzen. Für die Verneinung setzt du bei den Langformen einfach *not* hinter die Form von *to do*. Bei den Kurzformen wird der kurz gesprochene Vokal von *not* durch einen Apostroph ersetzt. Die Form von *to do* verschmilzt mit *n't* zu einem Wort.

	Bejahte Sätze	**Verneinung**	
Singular		**Langformen**	**Kurzformen**
	I do	I do not	I don't
	you do	you do not	you don't
	he does she does it does	he does not she does not it does not	he doesn't she doesn't it doesn't
Plural	we do	we do not	we don't
	you do	you do not	you don't
	they do	they do not	they don't

Gebrauch

(1) Verneinung

Während man im Deutschen einfach ein Verneinungswort (z.B. *nicht, kein*) hinter das Vollverb stellt, braucht man im Englischen eine Form von *to do* – es sei denn, man hat ein anderes Hilfsverb (z.B. *be, have, can*) zur Verfügung. Nach der Form **don't** bzw. **doesn't** steht das Vollverb im Infinitiv!

I **don't know** his name.	*Ich kenne seinen Namen nicht.*
Moira **doesn't** hear very well.	*Moira hört nicht sehr gut.*

(2) Fragen

Ähnliches gilt für Fragen, für die generell ein Hilfsverb benötigt wird. Die Form von *to do* wird an den Satzanfang bzw. hinter das Fragewort gestellt.

Does he **like** James Bond?	*Mag er James Bond (-Filme)?*
When **do** you **leave** the house in the mornings?	*Wann gehst du morgens aus dem Haus?*

(3) Verbote und Aufforderungen

Verbote haben kein explizites Subjekt, so dass sie mit *don't* beginnen. Danach folgt der Infinitiv des Vollverbs. Aufforderungen, etwas zu tun, beginnen mit *do*.

Don't walk on the grass!	*Das Betreten des Rasens ist verboten!*
Do the exercise now!	*Macht die Übung jetzt!*

(4) Kurzantworten

In verneinten Kurzantworten sind Kurzformen von *to do* die Regel. Langformen (*I do **not***) wirken sehr betont.

Entscheidungsfrage	Yes, ...	No, ...
Do you like chocolate? Does it ever snow in Italy?	Yes, I do. Yes, it does.	No, I don't / do not. No, it doesn't / does not.

(5) *to do* als Vollverb

To do kann auch als Vollverb verwendet werden. Das bedeutet, dass in Verneinungen, Fragen oder Verboten Formen von *to do* zweimal im Satz auftreten. Die Form des Vollverbs muss dabei im Infinitiv stehen.

You **didn't do** your homework.	*Du hast deine Hausaufgaben nicht gemacht.*
Doesn't he **do** his work every day?	*Macht er seine Arbeit nicht jeden Tag?*

Zusammenfassung

Kurzformen gibt es nur bei Verneinungen. Als Hilfsverb verwendest du *to do* in Verneinungen, Fragen und Verboten. Wird *to do* in diesen Sätzen gleichzeitig als Vollverb verwendet, tauchen zwei Formen von *to do* auf. Die Form des Vollverbs steht im Infinitiv.

Can, could und ihre Ersatzformen (to be able to, to be allowed to)

Can ist wie alle modalen Hilfsverben in seinen Formen unvollständig, so dass nicht alle Zeiten damit gebildet werden können. Dafür gibt es die Ersatzformen *to be able to* (*können*) bzw. *to be allowed to* (*dürfen*), die je nach Bedeutung von *can* gebraucht werden können.

Formen

Es gibt im *simple present* für alle Personen nur eine Form: *can*.
Can kann nur im Präsens gebraucht werden, kann jedoch auch in die Zukunft weisen. Im *simple past* wird die Form *could* für alle Personen verwendet.

He **can** show me the way.
Can I go to the cinema tomorrow?
Simon **could** take your books.

Verneinung

Bei der Verneinung kann man Lang- und Kurzformen verwenden. Kurzformen gebraucht man in Gesprächen, privaten Briefen und E-Mails, die Langformen beim Schreiben von formellen Texten.
Die Kurzformen werden wie bei anderen Hilfsverben durch eine Verschmelzung mit *not* gebildet.

	Langformen	Kurzformen
can	cannot	can`t
could	could not	couldn`t

! *Cannot* wird immer zusammengeschrieben!

Can und *could* können als Hilfsverben nicht alleine stehen. Sie werden durch ein Vollverb im Infinitiv ergänzt. Gegenüber dem Deutschen steht der Infinitiv immer in unmittelbarer Nähe der Formen von *can*. Im deutschen Satz steht das Vollverb am Ende des Satzes.

Can you give me some bread, please? | *Kannst du mir bitte etwas Brot geben?*
Laura **couldn`t** stay any longer. | *Laura konnte nicht länger bleiben.*

Can hat zwei Grundbedeutungen: *können* und *dürfen*.
Dieser Tatsache wird auch durch die unterschiedlichen Ersatzformen *to be able to* und *to be allowed to* Rechnung getragen.
Diese Ersatzformen können in allen Zeiten gebraucht werden. Dabei werden die Formen von *to be* den Personen und Zeiten entsprechend konjugiert.
Nach den Ersatzformen *to be able to* bzw. *to be allowed to* folgt – wie bei *can* – ein Vollverb im Infinitiv.

Übersicht

Zeit	können	dürfen
simple past	could – was / were able to I was so busy. I **couldn`t** phone you. = I **was not able to** phone you. *Ich konnte dich nicht anrufen.*	could – was / were allowed to John **couldn`t** come to the party. (His parents didn`t like the idea.) = John **was not allowed to** come to the party. *John durfte nicht zu der Party kommen.*
present perfect	have / has been able to We **haven`t been able to** speak with Mary yet. (We haven`t seen her.) *Wir haben noch nicht mit Mary sprechen können.*	have / has been allowed to He **has been allowed to** see the new 'Harry Potter'. *Er hat den neuen „Harry Potter" ansehen dürfen.*
simple present	can – am / is / are able to Mark is 5 years old. He **can`t** write his name. = Mark **is not able to** write his name. *Mark kann seinen Namen (noch) nicht schreiben.*	can – am / is / are allowed to Debbie and Sarah **can** watch TV late at night. = Debbie and Sarah **are allowed to** watch TV late at night. *Debbie und Sarah dürfen (noch) spät abends Fernsehen schauen.*
future	will be able to You **will be able to** understand English song texts. *Ihr werdet englische Liedertexte verstehen können.*	will be allowed to When you`re older, you **will be allowed** to drive a car. *Wenn du älter bist, darfst du Auto fahren.*

Zusammenfassung

Die Formen *can* und *could* können nur im *simple present* bzw. *simple past* verwendet werden. Ihre Ersatzformen kannst du in allen Zeiten gebrauchen. Achte auf die unterschiedliche Satzstellung im Englischen und Deutschen bei diesen Konstruktionen!

Must / to have to

Mit dem modalen Hilfsverb *must* (*müssen*) drückt man eine Notwendigkeit oder Verpflichtung aus. *Must* kann nur im *simple present* verwendet werden. In allen anderen Zeiten musst du eine Form von *to have to* bilden.

must

Es gibt nur eine Form für alle Personen: *must*.
Auf die Form von *must* folgt im Aussagesatz ein Vollverb im Infinitiv.

You **must** go to the doctor.	*Du musst zum Arzt gehen.*
The police **must** believe me.	*Die Polizei muss mir glauben.*

! Die Verneinung von *must* lautet nicht *mustn`t* (*nicht dürfen*), sondern *needn`t* oder *don`t have to* (*nicht müssen*)!

to have to

Dadurch, dass *must* nur im *simple present* vorkommt, müssen alle anderen Formen mit *to have to* gebildet werden. Diese werden je nach Zeit und Person konjugiert. Die Formen von *to have to* werden durch ein Vollverb im Infinitiv ergänzt.

Übersicht

simple past	had to The Burtons **had to** be at the airport at five o`clock. *Die Burtons mussten um fünf Uhr am Flughafen sein.*
present perfect	have / has had to She **has had to** do some exercises. *Sie hat einige Übungen machen müssen.*
simple present	have / has to Tom and Robert **have to** buy the tickets. *Tom und Robert müssen die Eintrittskarten kaufen.*
future	will have to You **will have to** work harder! *Du musst mehr tun!*

Im Englischen folgt dem Hilfsverb *must* unmittelbar ein Vollverb, im Deutschen steht dieses am Satzende.

Need not / do not have to

Mit *need not* bzw. *do not have to* (*nicht müssen*) wird ausgedrückt, dass eine Verpflichtung oder Notwendigkeit nicht (mehr) besteht. Damit werden Aussagen mit *must*, nach denen jemand etwas tun muss, verneint.
Need not kommt nur im *simple present* vor. Alle anderen Zeiten müssen mit *do not have to* gebildet werden.

Lern-Video

need not

Es gibt im *simple present* nur die Form *need not/needn`t*. Die Kurzform verwendet man in Gesprächen, privaten Briefen oder E-Mails, die Langform beim Schreiben von formellen Texten.
Auf die Form von *need not* folgt ein Vollverb im Infinitiv.

You **needn`t** ask me! — *Du brauchst mich nicht zu fragen.*
Ben **need not** explain it to his neighbour. — *Ben muss es seinem Nachbarn nicht erklären.*

do not have to

Die Ersatzform kann in Lang- und Kurzformen (*do not have to / don`t have to*) sowohl im *simple present* als auch in anderen Zeiten eingesetzt werden.

Übersicht

simple past	did not have to We **didn`t have to** walk. There was a bus. *Wir mussten nicht laufen. Es gab einen Bus.*
simple present	do / does not have to It`s free. You **don`t have to** pay for it. *Es ist umsonst. Du musst nicht dafür zahlen.*
future	will not have to (won`t have to) They have sent an e-mail. So they **will not have to** come today. *Sie haben eine E-Mail geschickt. Deshalb müssen sie heute nicht kommen.*

Zusammenfassung

Die Formen *must* und *needn`t* liegen nur im *simple present* vor. Die übrigen Zeiten müssen durch Ersatzformen wie *to have to* bzw. *do not have to* gebildet werden. Die Verneinung von *must* ist *needn`t*.

Mustn`t / to be not allowed to

Mit *mustn`t* bzw. *to be not allowed to* (*nicht dürfen*) werden Verbote ausgedrückt. Wie *must* gibt es die Form *mustn`t* nur im *simple present*. Für alle anderen Zeiten verwendet man Formen von *to be not allowed to*.

mustn`t

Es gibt im *simple present* nur die eine Kurzform. Die Langform ist eher selten. Nach dem Hilfsverb *mustn`t* folgt ein Vollverb im Infinitiv.

You **mustn`t** be late this time.	*Du darfst dieses Mal nicht zu spät kommen.*

! Häufig wird *mustn`t* mit *needn`t* als Verneinungsform von *must* verwechselt.

mustn`t (*nicht dürfen*)	**needn`t (*nicht müssen*)**
You **mustn`t** drive so fast here. It`s dangerous. *Du darfst hier nicht so schnell fahren. Es ist gefährlich.*	You **needn`t** drive so fast here. We`ve got a lot of time. *Du brauchst hier nicht so schnell fahren. Wir haben eine Menge Zeit.*

to be not allowed to

Wird *to be not allowed to* als Ersatzform im *simple present* oder anderen Zeiten gebraucht, musst du *to be* den Zeiten und Personen entsprechend konjugieren. Es gibt Kurz- und Langformen.

simple past	was / were not allowed to Peter **wasn`t allowed to** leave the room. *Es war Peter verboten, den Raum zu verlassen.*
present perfect	have / has not been allowed to The boys and girls **have not been allowed to** be so loud. *Man hat den Jungen und Mädchen nicht erlaubt, so laut zu sein.*
simple present	am / is / are not allowed **I'm not allowed to** stay at your house over night. *Ich darf nicht bei dir zu Hause übernachten.*
future	will not be allowed to (won`t be allowed to)  The children **won`t be allowed to** get sweets before lunch. *Man wird den Kindern nicht erlauben, dass sie Süßigkeiten vor dem Mittagessen bekommen.*

May / may not

Man verwendet *may* (*dürfen*), um besonders höflich um Erlaubnis zu fragen oder eine solche auszusprechen.
Ein Satz mit *may not* ist dagegen ein höfliches, aber doch bestimmtes Verbot.
May kommt nur im simple present vor. In anderen Zeiten musst du Formen mit *to be (not) allowed to* bilden.

may

Es gibt nur eine Form im *simple present*: *may*.
Das Hilfsverb *may* wird durch ein Vollverb im Infinitiv ergänzt.

May I see your bus tickets, please?	*Dürfte ich bitte Ihre Busfahrscheine sehen?*
You **may** come again if you like.	*Du darfst wiederkommen, wenn du möchtest.*

may not

May not kann nur in einer Langform verwendet werden.

You **may not** leave the hospital before Tuesday.	*Du darfst das Krankenhaus bis Dienstag nicht verlassen.*
Robert, you **may not** take my CDs.	*Robert, du darfst meine CDs nicht nehmen.*

Wie bei anderen Hilfsverben ist die unterschiedliche Satzstellung zwischen der englischen und deutschen Sprache zu beachten. Während im Englischen der Infinitiv in unmittelbarer Nähe zum Hilfsverb steht, wird er im Deutschen an das Satzende gesetzt.

Zusammenfassung

Mustn't und *may not* drücken Verbote aus. *May not* wirkt dabei sehr viel höflicher. Beide Formen kommen nur im *simple present* vor. Als Ersatzform steht *to be not allowed to* zur Verfügung.
May im bejahten Satz fragt nach einer Erlaubnis bzw. spricht diese aus.

Lern-Video

Simple past

Simple past entspricht im Deutschen dem Präteritum. Es wird dazu verwendet, abgeschlossene Handlungen in der Vergangenheit zu beschreiben.

Bildung

Die Formen für *simple past* sind für alle Personen gleich.
Bei den Verben, die die Vergangenheitsformen (*simple past, past participle*) regelmäßig bilden, wird an die Grundform *-ed* angehängt.

He **helped** his father in the kitchen.	*Er hat seinem Vater in der Küche geholfen.*
Last summer they **stayed** at a hotel.	*Letzten Sommer waren sie in einem Hotel.*

Es gilt jedoch auch für die regelmäßigen Verben folgende Rechtschreibregeln zu beachten:

- Bei Verben, die auf ein stummes *-e* enden (z. B. *move, arrive*), entfällt dieses. Die Endung *-ed* wird direkt an den letzten Konsonanten angehängt:

Susan and Becky **arrived** at the airport last night.	*Susan und Becky sind gestern Nacht am Flughafen angekommen.*

- Die Endkonsonanten *d, t, b, p, g, m, n* werden nach einem kurzen Vokal in der *simple past* Form verdoppelt.

They **stopped** at the hospital.	*Sie haben bei einem Krankenhaus angehalten.*

- Endet ein Verb nach einem Konsonanten auf *-y* (z. B. *hurry, try*), wird dieses vor der Endung *-ed* zu einem *-i*. (*-y* nach einem Vokal bleibt unverändert, z. B. she played).

We **tried** harder last year.	*Letztes Jahr haben wir härter gekämpft.*

!

Es gibt eine Reihe von Verben, die die Vergangenheitsformen unregelmäßig bilden (z. B. *to be, to do, to have, to go, to take*). Diese musst du auswendig lernen! Eine Liste solcher Verben findest du am Ende dieses Buches.

Verneinung

Die Verneinung von Vollverben wird mit der Vergangenheitsform von *to do*, also *didn`t / did not* gebildet, sofern kein anderes Hilfsverb vorhanden ist. Das nachfolgende Vollverb steht im Infinitiv.

We **didn`t go** to the zoo.	*Wir sind nicht in den Zoo gefahren.*

Fragebildung

Dieselben Regeln gelten auch für die Bildung von Fragen. *Did* rückt vor das Subjekt. Das Vollverb steht jeweils im Infinitiv.

Did you see Paul and John?	*Hast du Paul und John gesehen?*
Where **could** we buy that CD?	*Wo könnten wir die CD kaufen?*

Gebrauch

Man verwendet *simple past*
(1) für abgeschlossene Handlungen in der Vergangenheit. Folgende Signalwörter zeigen dir dies an:

Signalwörter	Beispiel
yesterday	**Yesterday** dad came home late. *Gestern kam Papa erst spät nach Hause.*
two, three ... weeks ago	**Two weeks ago** Bayern München won against Manchester. *Vor zwei Wochen gewann Bayern München gegen Manchester.*
last week, month, year ...	We didn`t go on holiday **last year**. *Wir fuhren letztes Jahr nicht in den Urlaub.*

(2) für gewohnheitsmäßige Handlungen, die in der Vergangenheit wiederholt stattfanden. Signalwörter wie *always, every Sunday, often, never* etc. helfen dir, dies zu erkennen. Es sind die gleichen Signalwörter wie im *simple present*.

(3) für abgeschlossene, aufeinander folgende Handlungen in der Vergangenheit. Signalwörter sind in diesem Zusammenhang *first, then, after that, when, suddenly*.

Zusammenfassung

Im *simple past* gibt es nur eine Form mit der Endung *-ed*. Allerdings gibt es eine Reihe von unregelmäßigen Verben, die von diesem Muster abweichen. Verneinung und Fragen werden mit *did (not)* gebildet. Signalwörter helfen dir, das *simple past* als Zeit für abgeschlossene Handlungen in der Vergangenheit zu erkennen.

Past progressive

Past progressive ist eine Verlaufsform der Vergangenheit. Diese Zeit hat im Deutschen keine Entsprechung. Sie wird vor allem für Handlungen verwendet, die in der Vergangenheit eine gewisse Dauer besaßen oder im Hintergrund einer neu einsetzenden Handlung weiterliefen.

Bildung

Past progressive wird mit der Vergangenheitsform von *to be*, also *was* bzw. *were*, und der Grundform des Vollverbs + *ing* (= *present participle*) gebildet.

Robert **was cleaning** his untidy room.

! Wie beim *present progressive*, sind folgende besondere Rechtschreibregeln zu beachten:

- Bei Verben, die mit einem stummen *-e* (z. B. *take*, *come*, *drive* etc.) enden, fällt dieses *-e* weg. Die Endung *-ing* wird direkt an den letzten Konsonanten angehängt.
  Mum **was driving** home.
- Die Endkonsonanten *d*, *t*, *b*, *p*, *g*, *m*, *n* werden nach einem kurzen Vokal verdoppelt.
  We **were sitting** at the station when he came.
- Bei Verben, die im Infinitiv auf *-ie* (z. B. *lie*) enden, wird *-ie* durch *y* ersetzt.
  While I **was lying** on the beach, I saw Tim and David.

Verneinung

Die Verneinung wird gebildet, indem du *not* zwischen die Form von *be* und die *progressive* Form des Vollverbs setzt.

Tim and Ben **were not waiting** for their friends.

Fragebildung

Bei der Bildung von Fragen wird die Form von *to be* vor das Subjekt gesetzt.

Weren`t they **staying** in Nottingham when there was the fair?
When **were** they **coming**?

Gebrauch

Past progressive verwendet man vor allem dann, wenn in der Vergangenheit zwei Handlungen nebeneinander gestellt werden. Die Verlaufsform der Vergangenheit, *past progressive*, nimmt man für die Handlung, die bereits angefangen hatte und im Hintergrund weiterläuft. Für die neu einsetzende Handlung nimmt man *simple past*.

→ *past progressive*
While I was reading a book, (andauernde Hintergrundhandlung)

→ *simple past*
Sarah phoned me. (neu einsetzende Handlung)

Signalwörter wie *still* und *while* deuten auf *past progressive* hin. *When* deutet auf die neu einsetzende Handlung (*simple past*) hin.

Signalwörter	Beispiel
while	**While** I was running to the station, I fell down. *Während ich zum Bahnhof rannte, fiel ich hin.*
still	Helen was **still** looking for her folder when the teacher came in. *Helen war immer noch dabei, nach ihrem Ordner zu suchen, als der Lehrer hereinkam.*

Folgende Verben haben keine *progressive* Form, da sie keine bestimmte Dauer ausdrücken können. Zu diesen gehören:

- Verben des Wissens und Meinens: *know, understand, think, mean, believe*
- Verben der Sinneswahrnehmung: *hear, see*
- Verben, die Gefühle oder Wünsche ausdrücken: *love, hate, like, want*

Zusammenfassung

Past progressive wird mit der Vergangenheitsform von *to be* und dem *present participle* (Grundform des Verbs + *ing*) gebildet. Fragen und Verneinung werden ebenfalls mit *to be* zusammengesetzt. *Past progressive* braucht man, um in der Vergangenheit zwei Handlungen nebeneinander stellen zu können. *Past progressive* wird für die bereits begonnene, im Hintergrund weiterlaufende Handlung verwendet.

Present perfect

Present perfect entspricht nur in etwa dem deutschen Perfekt. Im Englischen beschreibt es Handlungen, die in der Vergangenheit begonnen haben und noch andauern oder Auswirkungen auf die Gegenwart haben.

Bildung

Present perfect wird mit einer Form von *have / has* und der dritten Verbform (*past participle*) gebildet. Bei regelmäßigen Verben hat das *past participle* die gleiche Form wie das *simple past* (Grundform + *ed*). Es gelten daher auch die dort beschriebenen besonderen Rechtschreibregeln für die *participle* Form.

We **have walked** the long way. Sorry, we are late now.
His family **has lived** in England for six years.

Verneinung

Bei der Verneinung wird *not* zwischen die Form von *to have* und das *past participle* gesetzt.

We **haven`t done** our homework.
She **has not come** yet.

Fragebildung

Bei der Bildung von Fragen rückt die Form von *have / has* vor das Subjekt.

Haven`t you **been** in London?
Has he **found** his kite?

What **have** you **done**? It`s broken now.

Gebrauch

Man benutzt *present perfect* für
(1) Handlungen, die irgendwann in der Vergangenheit angefangen haben und noch andauern oder deren Auswirkungen bis in die Gegenwart reichen. Die folgenden Signalwörter weisen auf diese Verwendung hin:

Signalwörter	Beispiel
(not) yet	He hasn`t listened to the new CD **yet**. *Er hat die neue CD noch nicht gehört.*
until / till now	Anna hasn`t arrived **till now.** *Bis jetzt ist Anna nicht angekommen.*
already	John and Mike have **already** seen Robbie Williams in concert. *John und Mike haben Robbie Williams schon im Konzert gesehen.*
for	He has been ill **for** ten days. *Er ist seit zehn Tagen krank.*
never	Janet has **never** been to Wales. *Janet ist bis jetzt niemals in Wales gewesen.*

(2) Handlungen, die in der Vergangenheit passiert sind, ohne aber den Zeitpunkt genau zu kennen oder nennen zu wollen. Wird eine konkrete Zeitangabe gemacht, wird *simple past* verwendet.

present perfect	simple past
They **have stayed** at a hotel. *Sie übernachteten in einem Hotel.*	On Monday they **stayed** at a hotel. *Am Montag übernachteten sie in einem Hotel.*

!

Im Deutschen wird in Erzählungen – insbesondere in der Umgangssprache – sehr häufig das Perfekt verwendet. Wenn man im Englischen dagegen etwas aus der Vergangenheit erzählen möchte, gebraucht man das *simple past*.

Am Samstag ***haben*** *wir den ganzen Nachmittag Fernsehen* ***geguckt****. Dann* ***hat*** *uns Tante Mary* ***besucht****.*
On Saturday we **watched** TV all afternoon. Then aunt Mary **visited** us.

Zusammenfassung

Present perfect entspricht nur bedingt dem Perfekt im Deutschen. Im Englischen ist fast immer ein Bezug zur Gegenwart vorhanden. Es wird vor allem zur Beschreibung von Handlungen, die in der Vergangenheit begonnen haben und noch andauern, verwendet. *Present perfect* wird mit einer Form von *to have* + *past participle* gebildet.

Simple present

Simple present entspricht im Deutschen dem Präsens. Es wird zur Beschreibung gewohnheitsheitsmäßiger oder aufeinander folgender Handlungen in der Gegenwart oder zum Ausdruck allgemeingültiger Sachverhalte verwendet.

Bildung

Es gibt zwei Formen:
Die *simple present* Formen für fast alle Personen sehen aus wie der Infinitiv.

Ben and Tim **like** Anne.
Kim and Sarah **drink** milk in the morning.

Achtung: Bei der 3. Person Singular wird im *simple present* ein *-s* angefügt. Die Faustregel, die du sicherlich schon einmal gehört hast, lautet:
He, she, it – das -s muss mit.

Die Rechtschreib- und Ausspracheregeln für dieses *-s* sind genau wie beim regelmäßigen Plural von Substantiven:

- Nach stimmhaften Konsonanten *b, g, d, l, m* und *n* und Vokalen wird das *-s* stimmhaft gesprochen [z]: *he comes* [z], *she stays* [z].
- Nach stimmlosen Konsonanten *k, t, p* bleibt das *-s* stimmlos [s]: *it takes* [s].
- Endet ein Verb nach einem Konsonanten auf *-y*, wird daraus *-ies*: *she carries* [z]. (Bei *-y* nach einem Vokal ändert sich nichts (vgl. *he buys*).
- Endet ein Verb mit einem Zischlaut *c, s, sh, x* oder *z* muss *-es* hinzufügt werden. Du sprichst dieses Ende [iz] aus: *she watches* [iz], *he pushes* [iz].
- Die Verben *go* und *do* bilden eine Ausnahme. Bei ihnen wird ebenfalls *-es* angefügt. Nach dem Vokal ist die Aussprache stimmhaft: *he does* [z], *she goes* [z].
- *Have* besitzt die besondere Form *has*.

Verneinung

Die Verneinung von Vollverben im *simple present* wird mit *don`t/doesn't* gebildet.

Usually I **don`t** take the bus.

On Mondays John **doesn`t** play tennis.

Fragebildung

Fragen werden ebenfalls mit *to do* gebildet. Wenn ein anderes Hilfsverb vorhanden ist (z. B. *can*, *must*), wird dieses verwendet. Das Vollverb steht im Infinitiv.

Doesn`t he come every day?
What **do** you think about it?

Gebrauch

Simple present wird zur Beschreibung folgender Handlungszusammenhänge in der Gegenwart gebraucht:
(1) Gewohnheitsmäßige Handlungen, die regelmäßig geschehen. Signalwörter im Englischen helfen dir, das *simple present* als richtige Zeit zu erkennen.

Signalwörter	Beispiel
always, usually, never	I **usually** do my homework after lunch.
every day / week / month / year ...	Mike practices the piano **every day**.
in the morning(s) / evening(s) ...	**In the mornings** we have breakfast at 7 o`clock.
often, sometimes	I **often** listen to music.

(2) Aufeinander folgende Handlungen, wie sie in Beschreibungen oder Erzählungen vorkommen. Auch hier gibt es aussagekräftige Signalwörter.

Signalwörter	Beispiel
first, then, after that, soon, at last	**First** he gets up. **Then** he has breakfast. **After that** he goes to school. **Soon** the morning is over.

(3) Bei allgemeingültigen Behauptungen und Sachverhalten.
Boys are crazy.
English people love football.

Zusammenfassung

Bei den Formen des *simple present* musst du auf das *-s* bei der 3. Person Singular achten. Signalwörter helfen dir, zu entscheiden, wann *simple present* die richtige Zeit ist (Beschreibung regelmäßiger oder aufeinander folgender Handlungen, allgemeingültige Sachverhalte). Fragen und Verneinung werden mit *to do* gebildet.

Lern-Video

Present progressive

Present progressive ist eine Verlaufsform des Präsens. Diese Zeit hat im Deutschen keine Entsprechung. Sie wird vor allem für Handlungen, die gerade im Moment passieren und zur Zeit des Sprechens noch nicht vorbei sind, verwendet.

Bildung

Present progressive wird mit einer Form von *to be* und der Grundform des Vollverbs + *ing* (= *present participle*) gebildet.

Tom **is working** this afternoon.
Emma and Helen **are doing** their homework at the moment.

!

Folgende besondere Rechtschreibregeln sind zu beachten:

- Bei Verben, die mit einem stummen *-e* (z. B. *take*, *come*, *make* etc.) enden, fällt dieses *-e* weg. Die Endung *-ing* wird direkt an den letzten Konsonanten angehängt.

  Look! Mum and dad **are coming** home.

- Die Endkonsonanten *d, t, b, p, g, m, n* werden nach einem kurzen Vokal in der *progressive* Form verdoppelt.

  At the moment they **are swimming**.

- Bei Verben, die im Infinitiv auf *-ie* (z. B. *lie*) enden, wird *-ie* im *present progressive* durch *y* ersetzt.

  I`**m lying** on my bed.

Verneinung

Die Verneinung wird gebildet, indem du *not* zwischen die Form von *to be* und die *progressive* Form des Vollverbs setzt.

The pupils **are not listening** to the teacher.

Fragebildung

Bei der Bildung von Fragen wird die Form von *to be* vor das Subjekt gesetzt.

Isn`t Kate **reading** a book at the moment?
Where **are** we **going**?

Gebrauch

Während *simple present* gewohnheitsmäßige, regelmäßige Handlungen in der Gegenwart oder allgemeingültige Sachverhalte beschreibt, wird mit *present progressive* eine einmalige Handlung ausgedrückt, die im Moment des Sprechens noch andauert.

simple present	present progressive
Dogs **bark.** *Hunde bellen.*	A dog **is barking.** *Ein Hund bellt gerade.*

Da es im Deutschen keine Entsprechung für *present progressive* gibt, übersetzt man es häufig mit *gerade* oder *in diesem Moment.*

An folgenden Signalwörtern kannst du erkennen, dass du *present progressive* verwenden musst.

Signalwörter	Beispiel
now, at the moment	Don`t talk! I **am working** at the computer at the moment. *Sprich mich nicht an! Ich arbeite gerade am Computer.*
this morning/evening	No, Sally can't come. She **is doing** her homework this evening. *Sally kann nicht kommen. Sie macht heute Abend ihre Hausaufgaben.*

Einige Verben haben keine *progressive* Form, da sie keine bestimmte Dauer ausdrücken können:

- Verben des Wissens und Meinens: *know, understand, think, mean, believe*
- Verben der Sinneswahrnehmung: *hear, see*
- Verben, die Gefühle oder Wünsche ausdrücken: *love, hate, like, want*

Zusammenfassung

Mit *present progressive* drückt man einmalige Handlungen aus, die zum Zeitpunkt des Sprechens stattfinden und noch andauern. Signalwörter wie *now* oder *at the moment* helfen dir, zu erkennen, wann du *present progressive* verwenden musst. Doch längst nicht alle Verben haben eine *progressive* Form.

Lern-Video

Going to-future

Es gibt im Englischen zwei Möglichkeiten, Handlungen in der Zukunft zu beschreiben:
- *going to-future*
- *will-future*

Die deutsche Sprache kennt eine solche Unterscheidung nicht.
Das *going to-future* gibt Pläne und Absichten für die Zukunft wieder.

Bildung

Diese Form des Futurs wird mit einer Form von *to be going to* und der Grundform des Verbs gebildet. Während die Form von *to be* konjugiert wird und die jeweilige Person anzeigt, bleibt *going to* und der Infinitiv unverändert.

I **am going to** tell him the story.
He **is going to** have a party.

!

Häufig wird das *going to-future* mit dem *present progressive* des Vollverbs *to go* verwechselt. Du kannst das *present progressive* daran erkennen, dass kein Infinitiv des Vollverbs vorliegt.

going to-future	present progressive
They **are going to** go to the cinema. *Sie haben vor, ins Kino zu gehen.*	They **are going** to the cinema. *Sie gehen gerade ins Kino.*

Verneinung

Bei der Verneinung wird *not/n`t* zwischen *to be* und *going to* gesetzt.

Sam **is not going to** sit at home.
Kevin and Mark **aren`t going to** go to bed before 10 o`clock.

Fragebildung

Bei der Bildung von Fragen wird die Form von *to be* vor das Subjekt gesetzt.

Are they **going to** meet him at the airport?
What **are** we **going to** do?

Gebrauch

Das *going to-future* verwendet man,

(1) um zukünftige Pläne oder Absichten auszudrücken. Im Deutschen wird diesem häufig durch Übersetzungen wie *vorhaben, beabsichtigen, wollen* etc. Rechnung getragen.

Sally **is going to** do her homework after lunch.	*Sally hat vor, ihre Hausaufgaben nach dem Mittagessen zu erledigen.*
We **are going to** be the best.	*Wir beabsichtigen, die Besten zu sein.*

(2) um Situationen oder Ereignisse zu beschreiben, die in naher Zukunft eintreten werden. Dies gilt besonders, wenn im Moment des Sprechens bereits Anzeichen dafür gegeben sind.

Look at the clouds. It`**s going to** rain soon.	*Schau dir die Wolken an! Es wird bald regnen.*

Signalwörter für das *going to-future* gibt es nicht!

Zusammenfassung

Das *going to-future* drückt Pläne und Absichten für die Zukunft aus. Dies muss im Deutschen durch Verben wie *beabsichtigen* wiedergegeben werden, da die deutsche Sprache eine Zeit wie das *going to-future* nicht kennt. Die unterschiedlichen Personen in bejahten Sätzen, Verneinungen und Fragen werden mit den Formen von *to be* zum Ausdruck gebracht.

Will-future

Will-future drückt neutrale, zukünftige Handlungen oder Ereignisse aus. Darüber hinaus wird *will-future* für Vorhersagen, Vermutungen, Erwartungen und Hoffnungen verwendet.

Bildung

Beim *will-future* gibt es nur eine Form für alle Personen.
Diese setzt sich aus *will* und der Grundform des Vollverbs zusammen. Als Kurzform können die ersten beiden Buchstaben von *will* durch einen Apostroph ersetzt werden.

I hope he**`ll come** to the party tonight.
Mike and Kim **will arrive** around 8 p.m.

Verneinung

Bei der Verneinung wird *not* zwischen *will* und das Vollverb gesetzt. Die Kurzform für *will not* lautet *won`t*.

Sarah **won`t come** tomorrow. She is in hospital.
Mary and her friends **will not bring** CDs to the school disco.

Fragebildung

Bei der Bildung von Fragen rückt *will* vor das Subjekt. Das Vollverb steht im Infinitiv.

Will the Simpsons **spend** their holidays in England?	*Werden die Simpsons ihre Ferien in England verbringen?*

Möchtest du mit der Frage gleichzeitig eine Aufforderung oder höfliche Bitte ausdrücken, kannst du das modale Hilfsverb *shall* für die Fragebildung verwenden. Dies gilt jedoch nur für 1. Person Singular (*I*) und Plural (*we*).

Shall I **give** the books back?	*Soll ich die Bücher zurückgeben?*
What **shall** we **do** next week?	*Was sollen wir nächste Woche machen?*

Gebrauch

Man verwendet das *will-future*:
(1) um etwas über zukünftige Ereignisse zu sagen, die nicht von Plänen, Absichten oder Entscheidungen abhängen.

Next June Mary **will turn** 13.	*Nächsten Juni wird Mary 13 (Jahre alt).*

(2) um Vermutungen über die Zukunft zu äußern oder Erwartungen zu formulieren. Folgende einleitende Verben kommen in diesem Zusammenhang als Signalwörter häufig vor.

Signalwörter	Beispiel
hope, think, believe	I hope they **will visit** us in September. *Ich hoffe, dass sie uns im September besuchen werden.*
expect, to be sure	Tom`s parents are sure he **will be** good at English. *Toms Eltern sind sich sicher, dass er gut in Englisch sein wird.*

In den folgenden Verwendungen wird das *will-future* im Deutschen häufig als Präsens übersetzt, nämlich:

(3) bei spontanen Entscheidungen.

We don`t have any salt? I **will be** back in a minute.	*Wir haben kein Salz? Ich bin gleich zurück.*

(4) in Bedingungssätzen (if-clauses).
In diesen Satzgefügen steht der *if*-Satz im *simple present*, während im Hauptsatz *will-future* verwendet wird.

If it rains, we`**ll go** home at once.	*Falls es regnet, gehen wir sofort nach Hause.*

(5) in Satzgefügen mit temporalen Nebensätzen.
Während der Nebensatz – vergleichbar mit dem *if*-Satz – im *simple present* steht, wird im Hauptsatz *will-future* verwendet.

When she arrives, Ben **will meet** her at the bus stop.	*Wenn sie ankommt, trifft Ben sie an der Bushaltestelle.*

Zusammenfassung

Während das *going to-future* Pläne und Absichten ausdrückt, wird das *will-future* sowohl bei neutralen Beschreibungen der Zukunft als auch bei Vermutungen und Erwartungen hinsichtlich der Zukunft verwendet. Darüber hinaus kommt es in bestimmten Satzgefügen (z. B. Bedingungssätzen) vor.

Lern-Video

Adjektive

Adjektive beschreiben Substantive wie Menschen, Tiere, Dinge oder Ereignisse. Sie geben an, wie etwas ist.

Gebrauch

Adjektive stehen unmittelbar vor dem Substantiv, das sie näher bezeichnen.

It was a **long** journey.
Mike has got a **new** bike.

Als Prädikatsnomen (= ausformulierte Ergänzungen eines Substantivs) stehen Adjektive unmittelbar nach Formen von *to be*.

the **expensive** guitar = the guitar is **expensive**
the **angry** teacher = the teacher is **angry**

!

Da die deutsche Sprache in den Formen nicht zwischen Adjektiven und Adverbien unterscheidet, wird häufig übersehen, dass die beiden im Englischen deutlich an ihrer Form zu erkennen sind.
Adjektive beziehen sich als Attribute auf Substantive, Adverbien auf Verben.

Adjektiv	Adverb
His voice was **loud.** *Seine Stimme war laut.* He had a **loud** voice. *Er hatte eine laute Stimme.*	He shouted **loudly.** *Er schrie laut.*

Folgende Verben der Wahrnehmung bilden eine Ausnahme, da sie wie Substantive durch ein Adjektiv näher bestimmt werden.

Verb der sinnlichen Wahrnehmung	Beispiel
feel	I feel **good.** *Ich fühle mich gut.*
look	The girl over there looks **beautiful.** *Das Mädchen da drüben sieht hübsch aus.*
sound	That sounds **difficult.** *Das klingt schwierig.*
taste	The cake tastes **wonderful.** *Der Kuchen schmeckt wunderbar.*

Steigerung der Adjektive

Es gibt im Englischen zwei Formen, um Adjektive zu steigern, also den Komparativ und den Superlativ zu bilden. Dabei entscheidet die Zahl der Silben, aus denen das Adjektiv besteht und die Endung, welche Form die richtige ist.

Steigerung mit *-er / -est*

Diese Steigerungsform gilt für:

1 alle einsilbigen Adjektive.

small → smaller → smallest

2 alle zweisilbigen Adjektive, die auf *-y* enden.
Das *-y* wird bei der Steigerung zu *-i*.

happy → happier → happiest

Steigerung mit *more / most*

Der Komparativ und Superlativ werden mit *more* und *most* gebildet bei:

1 allen zweisilbigen Adjektiven, die nicht auf *-y* enden.

famous → more famous → most famous

2 allen Adjektiven mit mehr als zwei Silben.

beautiful → more beautiful → most beautiful

Unregelmäßige Steigerungsformen

Einige wenige Adjektive folgen nicht diesen Regeln. Diese musst du lernen!

good → better → best
bad → worse → worst

Zusammenfassung

Adjektive werden dazu verwendet, Substantive näher zu beschreiben. Je nach Silbenlänge und Endung werden sie mit *-er / -est* oder *more / most* gesteigert.

Adverbien

Adverbien der Art und Weise beschreiben Verben näher (ad-verb). Sie geben an, wie jemand etwas tut. Sie können aber auch Adjektiven oder anderen Adverbien zugeordnet sein.

Bildung

Die Adverbien werden in der Regel dadurch gebildet, indem man an das Adjektiv die Endung *-ly* anhängt.

Adjektiv	Adverb
careful	carefully
nervous	nervously

Folgende Rechtschreibregeln sind jedoch zu beachten:

- Bei Adjektive, die auf *-y* enden, wird das *-y* durch *-i* vor der Endung *-ly* ersetzt. (noisy → noisily; easy → easily)

- Bei Adjektiven, die auf *-le* enden und das *-e* nicht gesprochen wird, entfällt dieses stumme *-e*. (terrible → terribly; simple → simply)

Sonderfälle

Darüber hinaus gibt es Ausnahmen, die du auswendig lernen musst. Bei diesen sind Adjektiv- und Adverb-Formen zum Teil gleich.

good Your homework is good.	well You did you homework well.
fast He`s a fast runner.	fast He runs fast.
hard She is a hard worker.	hard (!) She worked hard.

Hardly hat die deutsche Bedeutung *kaum*!

Steigerung von Adverbien

Alle regelmäßigen Adverbien auf *-ly* sind automatisch zweisilbig und werden wie die entsprechenden Adjektive mit *more / most* gesteigert.

angrily	→	more angrily	→	most angrily
beautifully	→	more beautifully	→	most beautifully

Die wenigen einsilbigen Adverbien werden mit *-er / -est* gesteigert.

hard	→	harder	→	hardest

Unregelmäßig sind auch die Steigerungsformen von *well* und *badly*. Komparativ und Superlativ des Adjektivs und des Adverbs sind gleich.

well	→	better	→	best
badly	→	worse	→	worst

Adverbien, die nicht nach der Grundlage von Adjektiven gebildet werden, können nicht gesteigert werden. Zu solchen Adverbien gehören Adverbien der Häufigkeit (z. B. *sometimes*, *always*, *seldom*, *never*, *ever*) und Adverbien der Zeit (z. B. *soon*, *already*).

Gebrauch

Adverbien der Art und Weise beschreiben in den meisten Fällen Verben.
Sie können aber auch Adjektive oder Adverbien bestimmen.

Mark worked **harder** than ever.	*Mark arbeitete mehr als je zuvor.*
I'm **terribly** sorry.	*Es tut mir furchtbar leid.*
He learns his vocabulary **astonishingly** quickly.	*Er lernt die Vokabeln erstaunlich schnell.*

Zusammenfassung

Die meisten Adverbien werden gebildet, indem du *-ly* an das Adjektiv hängst. Die regelmäßige Steigerung dieser mehrsilbigen Adverbien folgt den Regeln bei der Steigerung der Adjektive (*more*, *most*). Achte auf die Ausnahmen bei *hard*, *well* und *badly*!

Vergleichssätze mit Adjektiven und Adverbien

Adjektive und Adverbien ermöglichen es, Personen, Dinge und Ergebnisse, aber auch Handlungen miteinander zu vergleichen. Je nachdem, ob zwei Sachverhalte gleich oder ungleich sind, gibt es im Englischen jeweils unterschiedliche Redewendungen.

Gleichheit

Möchtest du aussagen, dass zwei miteinander in Beziehung gesetzte Personen, Dinge oder Handlungen gleich sind, verwendest du die Formel: *as … as*.

as … as so … wie	
Adjektiv	Tim is **as crazy as** his older brother. *Tim ist so verrückt wie sein älterer Bruder.*
Adverb	Dad drives **as crazily as** Michael Schumacher. *Papa fährt so verrückt wie Michael Schumacher.*

Da im Deutschen die Wendung *so … wie* gebraucht wird, neigen wir dazu, das kleine Wort *so* auch im Englischen an dieser Stelle zu benutzen. Dies ist jedoch nicht richtig!
Du kannst es dir vielleicht dadurch merken, indem du dir einprägst, dass hier eine Gleichheit ausgedrückt werden soll. Dies wird sprachlich wirklich passend durch zwei gleiche Wörter, nämlich *as … as*, ausgedrückt.

The tree is as high as our house.

Ungleichheit

Wenn zwei verglichene Personen, Dinge, Ereignisse oder Handlungen ungleich sind, nimmt man *not as … as* oder den Komparativ + *than*:

not as … as nicht genauso … wie	
Adjektiv	Mary is **not as good** at French as Peter. *Mary ist nicht so gut in Französisch wie Peter.*
Adverb	John doesn`t speak English **as well as** Sarah. *John spricht nicht so gut Englisch wie Sarah.*

Komparativ + than z. B. größer / kleiner … als	
Adjektiv	This class test is **more difficult** than the last one. *Diese Klassenarbeit ist schwieriger als die letzte.* Our house **is bigger than** yours. *Unser Haus ist größer als eures.*
Adverb	Mike works **harder than** his sister. *Mike arbeitet mehr als seine Schwester.* The Germans answered the questions **more easily than** the Spanish. *Die Deutschen beantworteten die Fragen leichter als die Spanier.*

Sehr häufig wird *than* (*als*) nach dem Komparativ mit *then* (*dann*) verwechselt!

!

Then he came home.	*Dann kam er nach Hause.*
This computer is more expensive **than** ours.	*Dieser Computer ist teurer als unserer.*

Zusammenfassung

Adjektive und Adverbien ermöglichen es, Personen, Dinge und Sachverhalte miteinander in Beziehung zu setzen. Sind die beiden gleich, so verwendest du die Wendung *as … as*. Sind die beiden verschieden, musst du *not as … as* oder den Komparativ + *than* nehmen. Achte bei Vergleichen besonders darauf, dass du *than* nicht mit dem gleich klingenden *then* verwechselst!

Wortstellung im Aussagesatz

Während in der deutschen Sprache ein ziemlich variantenreicher Satzbau möglich ist, gibt es im Englischen eine streng festgelegte Wortstellung im Satz: Subjekt – Prädikat – Objekt (S-P-O).

Gleiche Wortstellung im Haupt- und Nebensatz

Englische Substantive verfügen über keine Endungen oder Begleiter, die den grammatischen Fall (Kasus) anzeigen können. Im Gegensatz zum Deutschen entscheidet allein die Position im Satz darüber, was Subjekt und Objekt ist. Es gilt für den Aussagesatz generell, dass das Substantiv vor dem Prädikat das Subjekt ist.

The shy boy gave the little girl a kiss.	*Der schüchterne Junge gab dem kleinen Mädchen einen Kuss.* *Dem kleinen Mädchen gab der schüchterne Junge einen Kuss.*

Die festgelegte Satzstellung gilt unabhängig davon, ob es sich um einen Haupt- oder Nebensatz handelt. Darin weicht das Englische von der deutschen Sprache ab.

		Subjekt	**Prädikat**	**Objekt**	
Hauptsatz		Mary	phoned	him.	
Nebensatz	When	Mary	phoned	him,	he was doing his homework.

Unveränderte Satzstellung bei Sätzen mit Hilfsverben

Im Deutschen erfordern Aussagesätze mit Modalverben und verschiedene Zeiten, dass das Vollverb am Ende des Satzes steht, d.h. dass das Prädikat getrennt wird. Dies gilt jedoch nicht für das Englische.

I have told her everything.	*Ich habe ihr alles erzählt.*
Mark will read the book tomorrow.	*Mark wird das Buch morgen lesen.*
Pat's mother can take you in her car.	*Pats Mutter kann dich in ihrem Auto mitnehmen.*
You must go to the doctor's!	*Du musst zum Arzt gehen!*

Wortstellung bei Verben mit zwei Objekten

Die meisten Verben besitzen nur ein (direktes) Objekt, doch gibt es einige wenige, die zwei Objekte nach sich ziehen. Verben wie *buy, give, lend* und *send* haben ein direktes und ein indirektes Objekt.

Lern-Video

Im Englischen ist die Art des Objektes bzw. der Kasus nicht zu erkennen, so dass nur eine festgelegte Reihenfolge Aufschluss darüber gibt, welches Objekt das direkte bzw. das indirekte ist.

Das indirekte Objekt steht unmittelbar vor dem direkten Objekt.

Subjekt	Prädikat	indirektes Objekt	direktes Objekt
They *Sie*	sent *schickten*	him *ihm*	a postcard. *eine Postkarte.*
Mary *Mary*	gave *gab*	her brother *ihrem Bruder*	some money. *etwas Geld.*

Soll das indirekte Objekt betont werden, so kann es hinter das direkte Objekt gesetzt werden. In diesem Fall muss das indirekte Objekt mit *to* versehen werden.

Subjekt	Prädikat	direktes Objekt	indirektes Objekt
They *Sie*	sent *schickten*	a postcard *eine Postkarte*	to him. *an ihn.*
Mary *Mary*	gave *gab*	some money *etwas Geld*	to her brother. *an ihren Bruder.*

Zusammenfassung

Hinsichtlich der Wortstellung sind große Unterschiede zwischen dem Deutschen und dem Englischen erkennbar. Um grammatikalische Bezüge deutlich zu machen, gilt in der englischen Sprache die feste Abfolge von Subjekt-Prädikat-Objekt.
Bei Verben mit zwei Objekten steht das indirekte Objekt vor dem direkten Objekt. Eine andere Reihenfolge muss durch *to* vor dem indirekten Objekt gekennzeichnet sein.

Stellung von Adverbien, Orts- und Zeitangaben

Adverbien, Orts- und Zeitangaben können an bestimmten festgelegten Stellen des Satzes stehen, die die festgelegte Wortstellung von Subjekt-Prädikat-Objekt jedoch nicht verändern. Prädikat und Objekt dürfen durch solche Angaben nicht getrennt werden.

(1) Adverbien der Art und Weise können – je nach Betonung – an verschiedenen Stellen des Satzes stehen. An der Satzspitze findet das Adverb seine größte Beachtung.

a) Besitzt das Verb **kein** Objekt, steht das Adverb in der Regel hinter dem Verb.

Sarah was running **quickly**.	*Sarah rannte schnell.*
"Be quiet," the teacher shouted **angrily**.	*„Seid still", rief der Lehrer ärgerlich.*

b) Besitzt das Verb aber ein Objekt, steht das Adverb entweder vor dem Verb oder aber nach dem Objekt. Folgt es nach dem Objekt, wirkt es betonter.

Becky was reading the new book very **carefully**.	*Becky las das neue Buch sehr aufmerksam.*
They **slowly** went home from school.	*Sie gingen langsam aus der Schule nach Hause.*

c) Die stärkste Betonung erhält das Adverb, wenn du es an den Satzanfang stellst. Dies ist bei jedem Adverb möglich.

Interestingly the police didn't find anything.	*Interessanterweise fand die Polizei nichts.*
Silently David entered the room.	*Lautlos betrat David das Zimmer.*

(2) Zeitadverbien wie *never, often, already, always, still, ever* stehen vor dem Vollverb. Ist das Prädikat mehrteilig, so stehen sie nach dem ersten Hilfsverb.

We **never** believed him.	*Wir glaubten ihm niemals.*
Ben has **always** wanted to go to New York.	*Ben hat schon immer nach New York gehen wollen.*

Ausnahmen bilden *yet* und *before*, die immer am Satzende stehen.

I haven't seen my parents **yet**.	*Ich habe meine Eltern noch nicht gesehen.*
Have you met her **before**?	*Hast du sie schon einmal (zuvor) getroffen?*

(3) Orts- und Zeitangaben stehen in der Regel am Ende des Satzes. Wenn Orts- und Zeitangaben gleichzeitig gemacht werden, gilt: Ort vor Zeit.
Soll eine der Angaben besonders betont werden, kann sie auch am Anfang stehen.

Zeit	Subjekt	Prädikat	Objekt	Ort	Zeit
	They	saw	Brad Pitt	in London	at night.
On Monday	Mark	complained about	his teacher	in school.	

Zusammenfassung

Adverbien, Orts- und Zeitangaben stehen häufig entweder am Anfang oder am Ende eines Satzes. Prädikat und Objekt dürfen durch solche Angaben nicht getrennt werden. Adverbien, die vor dem Prädikat stehen, sind am wenigsten betont. Bei mehrteiligen Prädikaten steht das Adverb nach dem ersten Hilfsverb.

Entscheidungsfragen: Fragen ohne Fragewörter

Entscheidungsfragen haben keine Fragepronomen, sondern beginnen mit einem Hilfsverb, das dir über die Zeit (Tempus) und gegebenenfalls über die Person (1., 2., oder 3. Person) Auskunft gibt. Darauf folgt das Subjekt und in der Regel ein Vollverb. Entscheidungsfragen können nur mit ja oder nein beantwortet werden.

Bildung von Entscheidungsfragen

Fragen weichen im Englischen von der normalen Satzstellung des Hauptsatzes (Subjekt - Prädikat - Objekt (= S-P-O)) ab. Das besondere Kennzeichen ist die Stellung eines finiten Hilfsverbs vor dem Subjekt des Satzes.
Gegenüber einem Aussagesatz musst du Subjekt und Hilfsverb vertauschen.

Aussagesatz	Tom	can	speak	English.
Entscheidungsfrage	Can	Tom	speak	English?

Ist ein Hilfsverb vorhanden, so kannst du dieses für die Frage einsetzen. Die grammatische Form des Vollverbs (*infinitive*, *participle*, *progressive form*) bleibt erhalten.

Aussagesatz	Ben	is	going	to the zoo.
Entscheidungsfrage	Is	Ben	going	to the zoo?
Aussagesatz	Robert	has	read	Harry Potter.
Entscheidungsfrage	Has	Robert	read	Harry Potter?
Aussagesatz	Kim	may	come	to your party.
Entscheidungsfrage	May	Kim	come	to your party?

Schwieriger ist es, wenn kein Hilfsverb vorhanden ist. In diesem Fall helfen dir die Formen von *to do*.
Bitte beachte, dass die Formen von *to do* ausdrücken müssen, von welcher Zeit und möglicherweise welcher Person die Rede ist. Diese Informationen dürfen nicht doppelt gegeben werden. Das bedeutet aber, dass die Form des Vollverbs verändert werden muss. Bei Fragen im *present tense* und *simple past* verwendet man den Infinitiv. Im *present perfect* bleibt das Partizip!

Aussagesatz	Becky		talks about	the new teacher.
Entscheidungsfrage	Does	Becky	talk (!) about	the new teacher?
Aussagesatz	John and Mary		told	him about their CD.
Entscheidungsfrage	Did	John and Mary	tell (!)	him about their CD?
Aussagesatz	Jenny	has	forgotten	her exercise book.
Entscheidungsfrage	Has	Jenny	forgotten	her exercise book?

Ausnahmen: *to be* und *to do* als Vollverben

To be und *to do* können nicht nur Hilfsverben sein, sondern auch als Vollverben verwendet werden. Bei Entscheidungsfragen mit einer Vollverbform von *to be* steht im *simple present* und *simple past* das gesamte Verb am Satzanfang.

Am I in your tutor group?
Are you from London?
Was he late yesterday?

Im *present perfect* bleibt das Partizip hinter dem Subjekt.

Has she written the letter?

Bei *to do* als Vollverb verdoppelt sich gewissermaßen die Verbform, wobei die Zeit durch den ersten Verbteil ausgedrückt wird.

Do you do any sports?
Did you do your homework?

Im *present perfect* wird die Form von *to do* mit *have/has* + Partizip gebildet. Der erste Teil dieses zusammengesetzten Prädikats (*have done*) rückt an den Satzanfang.

Have you done the washing-up?

Zusammenfassung

Bei Entscheidungsfragen gibt es kein Fragewort. Im Vergleich zu einem Aussagesatz rückt das Hilfsverb an den Satzanfang. Wenn kein Hilfsverb vorhanden ist, muss man sich mit einer Form von *to do* behelfen. Dabei ändert sich im *simple present* und *simple past* die Form des Vollverbs in einen Infinitiv. Entscheidungsfragen können nur mit *ja* oder *nein* beantwortet werden.

Fragen mit Fragewörtern

Bei Ergänzungsfragen möchte man mehr über eine Person oder einen Sachverhalt wissen. Eine Kurzantwort mit *ja* oder *nein* reicht nicht aus. Ein Fragepronomen gibt an, worauf die Frage abzielt. Auch hier gilt gegenüber dem Aussagesatz eine besondere Satzstellung.

Bildung von Ergänzungsfragen

Im Vergleich zur Wortstellung im Aussagesatz (S-P-O) steht bei Ergänzungsfragen zu Beginn des Satzes ein Fragepronomen wie z. B. *when, where, why, how, what* und *who*.
Die weitere Satzstellung hängt davon ab, wonach gefragt wird.

(1) Frage nach dem Subjekt

Bei der Frage nach dem Subjekt nimmt das Fragepronomen (*who* oder *what*) die Stelle des Subjektes ein. Die Wortstellung der übrigen Satzteile bleibt unverändert. Es gilt daher die normale Wortstellung des Aussagesatzes.

Subjekt	Prädikat	Objekt
Ben	loves	Anna.
Who	loves	Anna?
My new bike	is	green.
What	is	green?

(2) Frage nach dem Objekt

Hier stehen die Fragepronomen (*who* bzw. *what/which*) anstelle des Objektes zu Beginn des Satzes. Auf das Fragewort folgt ein Hilfsverb, dann das Subjekt und das Vollverb. Die Satzstellung gleicht der von Entscheidungsfragen.

Objekt (Fragepronomen)	Hilfsverb	Subjekt	Hilfsverb	Vollverb	Objekt
		Kim	has	met	John.
Who	has	Kim	–	met?	–
		The Dixons	have	got	a new car.
What	have	the Dixons	–	got?	

Wenn kein anderes Hilfverb im ursprünglichen Aussagesatz vorhanden ist, muss eine Form von *to do* als Ersatz genommen werden. Diese zeigt die Zeit im Satz an, so dass das Vollverb im Infinitiv steht.

I never believed him.
Who **did** you never believe?

what oder *which*?

Möchtest du nach einer begrenzten Menge fragen, verwendest du das Fragewort *which*. Bei einer unbegrenzten Anzahl musst du *what* gebrauchen.

I`ve got an apple or a banana. **Which** one do you want?
What have we got for lunch today?

(3) Frage nach ergänzenden Informationen (Zeitangaben, Gründe, Aussagen, Zusammenhänge)

Wird nach anderen, möglicherweise auch umfangreicheren Informationen gefragt, ist die Satzstellung gegenüber dem Aussagesatz ebenfalls verändert. Nach dem Fragepronomen an der Satzspitze muss ein Hilfsverb stehen. Diesem folgen Subjekt, Vollverb und mögliche Ergänzungen.

Fragepronomen	Hilfsverb	Subjekt	Vollverb	Objekt
What	did	he	say?	
Why	can`t	Sarah	come	to your party?
When	shall	I	start?	
How	does	Tom	speak	English?
Where	have	you	put	my new CD?

(4) Frage nach Besitzverhältnissen

Mit dem Fragepronomen *whose* (wessen) kann nach dem Besitzer einer Sache gefragt werden. *Whose* wird immer von einem Substantiv begleitet.

Whose bike is this?

Zusammenfassung

Ergänzungsfragen können nach dem Subjekt, Objekt oder zusätzlichen Informationen fragen. Je nachdem, nach welchem Satzglied gefragt wird, ist eine unterschiedliche Satzstellung zu beachten. Ergänzungsfragen beginnen alle mit einem Fragepronomen.

Lern-Video

Question Tags

Question tags sind eine Besonderheit der englischen Sprache, die von deutschen Sprechern kaum verwendet wird. Mit ihnen kannst du Bestätigung von deinem Zuhörer einfordern, indem du ans Ende eines Aussagesatzes ein *question tag* (Fragenanhängsel) setzt.

Bildung von *question tags*

Die Bestätigungsfrage greift das Hilfsverb und das Subjekt des Aussagesatzes wieder auf. Dabei wird das Subjekt immer in ein Personalpronomen umgewandelt. Die Satzstellung des *question tag* entspricht derjenigen der normalen Fragebildung, d. h. Subjekt und Prädikat sind vertauscht.

Robert can`t go to school, **can he**? — *Robert kann nicht zur Schule gehen, oder?*

Sarah and Jenny are staying at home, **aren`t they**? — *Sarah und Jenny bleiben zu Hause, nicht wahr?*

Liegt kein Hilfsverb im Aussagesatz vor, so wird – entsprechend den Regeln der Fragebildung – das Vollverb durch eine Form von *to do* in der Bestätigungsfrage ersetzt. Dabei musst du auf die entsprechende Zeit des Verbs achten!

The Burtons spent their holidays in Wales, **didn`t they**? — *Die Burtons verbrachten ihre Ferien in Wales, oder nicht?*

Aussagesatz und *question tag* sind immer gegensätzlich „gepolt".
Ist der Aussagesatz bejaht, ist die Bestätigungsfrage verneint. In aller Regel nimmt man in der Bestätigungsfrage die Kurzform (z. B. *isn`t it, haven`t we*).

bejahter Aussagesatz (+)	(-) verneinter question tag
She has broken her arm, We pay for our school uniforms,	hasn`t she? don`t we?

Ist der Aussagesatz verneint, ist die Bestätigungsfrage bejaht.

verneinter Aussagesatz (-)	(+) bejahter question tag
You haven`t met Sally, Peter won`t come,	have you? will he?

Gebrauch

Mit *question tags* kann man seinen Zuhörer auffordern, auf eine Aussage zu reagieren. In der Regel wird man Bestätigung erwarten, doch ist eine negative Reaktion möglich.

Je nachdem, wie sicher man sich in seiner Aussage ist, wählt man eine andere Intonation (Satzmelodie).

Wenn du dir unsicher bist, ob dein Gesprächspartner dir zustimmen oder deine Aussage ablehnen wird, solltest du eine ansteigende Intonation verwenden.

I am not sure. Paul comes from Berlin, **doesn`t he**?	*Ich bin mir nicht sicher. Paul kommt aus Berlin, oder nicht?*

Eine fallende Intonation zeigt an, dass du dir bei deiner Aussage sicher bist und Zustimmung erwartest.

You are my friend, **aren`t you**?	*Du bist mein Freund, oder nicht?*

Question tags werden in aller Regel nur im Gespräch verwendet. Im schriftlichen Ausdruck sind sie äußerst selten.

Im Deutschen werden die *question tags* meistens mit Ausdrücken wie *oder (nicht), nicht wahr, nicht* wiedergegeben. Mitunter kann man sie auch mit *doch* übersetzen.

This can`t be his T-shirt, **can it**?	*Dieses kann doch nicht sein T-Shirt sein!?*

Zusammenfassung

Question tags kommen in Gesprächen recht häufig vor. Die Bestätigungsfragen werden durch Anhängen eines Hilfsverbs und eines Pronomes (als Ersatzsubjekt) an einen Aussagesatz gebildet. Dabei sind Aussagesatz und *question tag* unterschiedlich „gepolt". Bei bejahten Aussagesätzen ist das *question tag* negativ. Ist der Aussagesatz verneint, muss der Anhang positiv sein.

Aufforderungen, Verbote und Vorschläge

Aufforderungen (Imperative) zielen ähnlich wie Fragen und *question tags* darauf ab, eine Reaktion des Gesprächspartners zu bewirken. Sie sind jedoch verbindlicher und lassen in der Regel keinen Widerspruch zu. Als Vorschläge lassen sie allerdings einen gewissen Spielraum offen.

Bildung von Aufforderungen

Aufforderungen weichen von der Wortstellung des Aussagesatzes (S-P-O) ab und haben immer ein Verb am Satzanfang. Je nach Charakter der Aufforderung muss man unterschiedliche Formen bzw. Verben nehmen. Es fehlt jedoch generell ein Subjekt!

Gebrauch

(1) Mit bejahten Aufforderungen kannst du einen Hinweis oder eine Anweisung geben. Das auffordernde Verb am Satzanfang hat die Form wie der Infinitiv.

Be quiet! I am watching television.	*Sei still. Ich schaue fern!*
Close your books and **listen**!	*Macht die Bücher zu und hört (mir) zu!*

(2) Möchtest du jemanden auffordern, etwas nicht zu tun, jemanden erinnern oder ein generelles Verbot ausdrücken, verwendest du einen verneinten Imperativ. Zu diesem Zweck setzt du *do not/don`t* vor den Infinitiv.

Don`t do that again!	*Mach das nicht noch einmal!*
Don`t forget your workbook!	*Vergiss nicht dein Arbeitsbuch!*
Do not throw anything out of the window!	*Nichts aus dem Fenster werfen!*

Do not klingt sehr förmlich und streng, so dass es in der Regel nur auf Verbotsschildern zu lesen ist.

(3) Möchtest du weniger verbindlich klingen bzw. deine Aufforderung als Vorschlag verstanden wissen, solltest du *let`s* gebrauchen.

Let`s go!	*Lass uns gehen!*
Let`s take the bus!	*Lasst uns den Bus nehmen!*

Kurzantworten

Kurzantworten sind wichtige Bestandteile mündlicher Kommunikation. Es sind unvollständige Sätze, die nur aus einem Subjekt und einem Hilfsverb bestehen.

Bildung

Kurzantworten greifen ein vorhandenes Hilfsverb einer vorangegangenen Entscheidungsfrage erneut auf.

Entscheidungsfrage	Kurzantwort
Can I use your mobile phone?	Yes, you **can**.
Didn't you notice her?	No, I **didn't**.
Has the president signed the papers?	Yes, he **has**.
Are you waiting for Mr Jones?	Yes, I **am**.

Nach Aufforderungen, die kein Hilfsverb enthalten, ist in der Kurzantwort das Hilfsverb (vom Kontext abhängig) frei wählbar.

Aufforderungen	Kurzantwort
Give me your English book!	No, I can't. / No, I won't.
Take care of your little sister!	Yes, I will. / No, I cannot.

Gebrauch

Kurzantworten helfen dir auf der einen Seite, unhöflich wirkende einsilbige Antworten zu vermeiden. Sie ermöglichen auf der anderen Seite, nicht noch einmal den ganzen Satz wiederholen zu müssen.

Zusammenfassung

Aufforderungen weichen von der normalen Satzstellung ab. Da sie kein Subjekt haben, beginnen sie mit einer Verbform, die im Infinitiv steht. Verbote beginnen mit *don't / do not*.
Im Englischen gilt es als unhöflich, nur mit *yes* oder *no* zu antworten. Kurzantworten, helfen dir, angemessen zu reagieren.

Lern-Video

Notwendige Relativsätze (defining relative clause, contact clause)

In vielen Fällen sind Relativsätze notwendig, um eine Person, ein Ding oder einen Sachverhalt so zu beschreiben, dass man sich ein genaues Bild machen kann. Im Englischen können diese definierenden (*defining*) Relativsätze mit und ohne Relativpronomen vorkommen.

defining relative clauses mit Relativpronomen

Notwendige Relativsätze werden je nach Bezugswort durch die Relativpronomen *who / that* bzw. *which / that* eingeleitet. Sie stehen unmittelbar nach dem Bezugswort.

Du nimmst *who* oder *that*, wenn der Relativsatz ein oder mehrere **Personen** näher beschreiben soll.

	Bezugswort	notwendiger Relativsatz
This is *Das ist*	the man *der Mann,*	**who** I have seen on TV. *den ich im Fernsehen gesehen habe.*
Here are *Hier sind*	the crazy boys *die verrückten Jungen,*	**that** played tricks on the poor teacher. *die dem armen Lehrer Streiche spielten.*

Dagegen nimmst du *which* oder *that*, wenn sich der Relativsatz auf ein oder mehrere **Dinge** bezieht.

	Bezugswort	notwendiger Relativsatz
This is *Das ist*	the bike *das Fahrrad,*	**which** I got for Christmas. *das ich zu Weihnachten bekommen habe.*

Whose verwendest du, wenn du Besitz oder Zugehörigkeit ausdrücken möchtest. *Whose* wird immer von einem Substantiv begleitet.

	Bezugswort	notwendiger Relativsatz
What`s *Was ist*	the teacher`s name *der Name des Lehrers,*	**whose** subject is English? *dessen Fach Englisch ist?*

!

Während im Deutschen zwischen Bezugswort und Relativpronomen ein Komma stehen muss, darf im Englischen beim notwendigen Relativsatz kein Komma gesetzt werden.

contact clauses
(*defining relative clauses* ohne Relativpronomen)

Wenn das Relativpronomen anstelle eines Objekts verwendet wird, kann man es auch auslassen. Man spricht dann von einer *contact clause*, wenn Hauptsatz und Relativsatz ohne trennendes Relativpronomen in direktem Kontakt zueinander stehen.

	Objekt	Subjekt	Prädikat	Objekt
This is the woman *Das ist die Frau,*	(who) *die*	I *ich*	have met. *getroffen habe.*	–
That`s the book *Das ist das Buch,*	– *das*	Robert *Robert*	bought. *kaufte.*	–

Gebrauch

Contact clauses sind vor allem im mündlichen Sprachgebrauch sehr oft zu finden. Doch auch im schriftlichen Ausdruck kann man das Relativpronomen weglassen.
Bei *contact clauses* steht kein Komma zwischen Hauptsatz und Relativsatz. Beim Sprechen solltest du auch keine Pause zwischendurch machen.

Contact clauses können nur gebildet werden, wenn der Relativsatz ein eigenes (neues) Subjekt besitzt. !

Für die *contact clauses* gibt es in der deutschen Sprache keine Entsprechung. Auch wenn im Englischen das Relativpronomen ausgelassen ist, musst du im Deutschen ein entsprechendes Pronomen setzen.

Zusammenfassung

Notwendige Relativsätze beschreiben Personen, Dinge oder Sachverhalte genauer. Ohne sie könnte man sich von diesen kein Bild machen. Die Relativpronomen *who/that* bzw. *which/that* können als Subjekt oder Objekt des Relativsatzes verwendet werden. Stehen sie anstelle eines Objekts, können sie auch weggelassen werden. Man spricht dann von einer *contact clause*.

Zahlen

Man unterscheidet zwischen Grundzahlen und Ordnungszahlen. Diese werden für das Datum, Jahreszahlen und die Uhrzeit verwendet.

Grundzahlen

1	one	20	twenty
2	two	21	twenty-one
3	three	22	twenty-two
4	four	23	twenty-three
5	five		
6	six	30	thirty
7	seven	40	forty
8	eight	50	fifty
9	nine	60	sixty
10	ten	70	seventy
11	eleven	80	eighty
12	twelve	90	ninety
13	thirteen	100	a / one hundred
14	fourteen		
15	fifteen	200	two hundred
16	sixteen		
17	seventeen	208	two hundred and eight
18	eighteen		
19	nineteen	457	four hundred and fifty-seven

!

Kleine Striche und unscheinbare Wörter bereiten häufig große Probleme. Denke daran,

- zwischen Zehnern und Einern steht ein Bindestrich
- vor *hundred* steht immer der unbestimmte Artikel oder ein Zahlwort
- *hundred* besitzt keinen Plural
- bei Zahlen über 100 steht vor Zehnern und Einern *and*

Verwechslungsgefahr:

- thirteen (13) – thirty (30)
- fourteen (14) – forty (40)
- five (5) – fifteen (15) – fifty (50)

Gebrauch

Zahlen bis einschließlich zwölf werden in der deutschen und englischen Sprache in der Regel als Wörter ausgeschrieben.

Ordnungszahlen

Ordnungszahlen werden in der Regel mit der Endung *-th* gebildet. Ausnahmen bilden die ersten drei (*first*, *second*, *third*) und ihre zusammengesetzten Formen (z. B. *twenty-first*).

1st	first	16th	sixteenth
2nd	second	17th	seventeenth
3rd	third	18th	eighteenth
4th	fourth	19th	nineteenth
5th	fifth	20th	twentieth (!)
6th	sixth	21st	twenty-first
7th	seventh	22nd	twenty-second
8th	eighth	23rd	twenty-third
9th	ninth (!)	24th	twenty-forth
10th	tenth		
11th	eleventh	30th	thirtieth (!)
12th	twelfth	31st	thirty-first
13th	thirteenth		
14th	forteenth	40th	fortieth (!)
15th	fifteenth	100th	hundredth

Die Ordnungszahlen werden häufig mit einer hochgestellten Endung geschrieben. Achte dabei darauf, dass die ersten drei Ordnungszahlen unregelmäßig sind.

Bei den Zehnerzahlen 20, 30, 40 … 90 wird das *-y* am Ende durch ein *-ie* ersetzt.

Zusammenfassung

Grund- und Ordnungszahlen haben einen ähnlichen Wortstamm. Ordnungszahlen werden (bis auf wenige Ausnahmen) mit *-th* als Endung gebildet. Oft werden diese Endungen hochgestellt. Achte auf die Bindestriche und die Schreibweise bei den Grundzahlen, um sie nicht zu verwechseln.

Lern-Video

Datum, Jahreszahlen und Uhrzeit

Bei Datum, Jahreszahlen und Uhrzeit gibt es recht große Unterschiede zwischen der englischen und deutschen Sprache.

Datum

Das Datum kann man mit Grund- oder Ordnungszahlen schreiben. Im britischen Englisch ist der Tag dem Monat vorangestellt, im amerikanischen Englisch ist dies genau anders herum! Um Verwirrungen zu vermeiden, ist es besser, den Monat als Wort auszuschreiben.

	Britisches Englisch	Amerikanisches Englisch
Schreibweise	4/7/2012 4th July 2012/4 July 2012	7/4/2012 July 4th, 2012
Aussprache (!)	**the** fourth **of** July	July **the** fourth

Jahreszahlen

Jahreszahlen werden in der Regel in Zehnerschritten genannt.

	Aussprache
1066 1945	ten sixty-six nineteen forty-five

Ausnahmen bilden die vollen Jahrhundertschritte. Bei den Jahren 01–09 nach dem Jahrhundertwechsel wird die Null wie der Laut [o] ausgesprochen. In unserem jungen Jahrtausend werden die Jahre durch ein *and* eingeleitet.

	Aussprache
1500 1907 2000 2012	fifteen hundred nineteen [o]-seven two thousand two thousand and twelve

Uhrzeit

Die englische Uhr kennt keinen 24-stündigen Tagesrhythmus.

Tagesverlauf

Die Zeit von Mitternacht bis 12 Uhr mittags bezeichnet das Kürzel **a.m.** (lat. ante meridiem = vor Mittag): **6 a.m. = 6 Uhr**.

Für die Zeiten von 12 Uhr mittags bis Mitternacht verwendet man **p.m.** (lat. post meridiem = nach Mittag): **9 p.m. = 21 Uhr.**

Bei vollen Stunden kann man auch die Bezeichnung *o'clock* gebrauchen (z. B. 5 o'clock = 5 Uhr).

Stundenverlauf

Die ersten 30 Minuten nach einer vollen Stunde werden mit dem Wort *past* eingeleitet. Die verbleibenden 29 Minuten orientieren sich an der nächstfolgenden Stunde und werden mit dem Wort *to* eingeleitet. Die Viertelstunden nach bzw. vor einer vollen Stunde werden im Englischen mit dem unbestimmten Artikel eingeleitet.

Alternativ kannst du die genaue Uhrzeit – ähnlich wie beim Datum – mit Stunden und Minuten als zwei getrennte Paare ausdrücken (z. B. 10.17 Uhr = *ten seventeen*, 21.04 Uhr = *nine-o-four*).

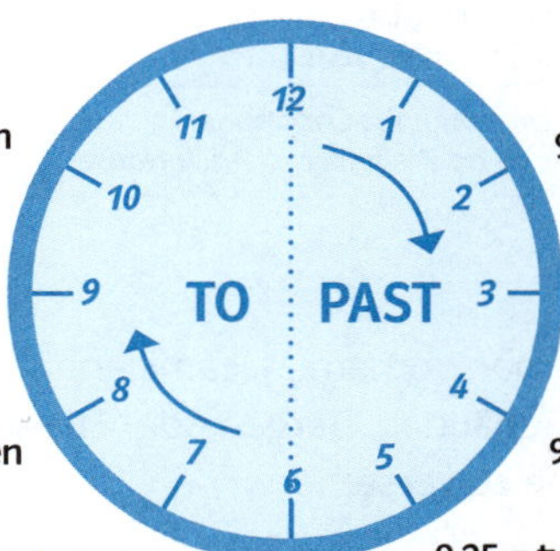

Zusammenfassung

Datum, Jahreszahlen und Uhrzeiten weichen teilweise in der Schreibweise, insbesondere aber in der Aussprache vom Deutschen ab.

Großschreibung

Bis auf wenige Ausnahmen werden alle Wörter in der englischen Sprache kleingeschrieben. Die Ausnahmen lassen sich jedoch – meist – auf Regeln zurückführen.

Übersicht

Immer großgeschrieben werden

erstes Wort im Satz	**She** has to come home before 9 o`clock. *Sie muss vor 9 Uhr nach Hause kommen.*
Personalpronomen 'I'	Yesterday **I** didn`t go to school. *Gestern ging ich nicht zur Schule.*
Anreden (Dr, Mr, Mrs)	"Come in" said **Mr** Mason. *„Kommen Sie herein" sagte Mr Mason.*
Wochentage	On **Saturday** they are going to the zoo. *Am Samstag gehen sie in den Zoo.*
Monate	In **July** we will buy a new car. *Im Juli kaufen wir (uns) ein neues Auto.*
Städte	They have lived in **London** for three years. *Sie leben seit drei Jahren in London.*
Länder	I have never been to **Scotland**. *Ich bin noch nie in Schottland gewesen.*
Sprachen	Does he speak **French**? *Spricht er Französisch?*
Staatsangehörigkeit	He must be **English**. *Er muss Engländer sein.*
Kirchliche Feiertage	We drove home for **Christmas**. *Wir fuhren an Weihnachen nach Hause.*

Eigennamen

Unter Eigennamen versteht man Vornamen, Familiennamen, aber auch feststehende Bezeichnungen von Gebäuden, Bergen oder Flüssen. Darüber hinaus sind auch Firmennamen als solche zu verstehen.

Vornamen	William, Laura, John
Familiennamen	the Obamas
Firmen	McDonalds, Hyatt Hotel
Gebäudenamen	Buckingham Palace
Berge	Mount Everest, Ben Nevis
Flüsse	Thames, Rhine

Manche Substantive können als Eigennamen (z. B. Dad, Mum) verwendet werden. In diesen Fällen werden sie großgeschrieben.

Mark`s **dad** is very angry about his son.	*Marks Papa ist sehr verärgert über seinen Sohn.*
"Can I have some more pocket money, **Dad**?"	*„Kann ich etwas mehr Taschengeld haben, Papa?"*

Schulfächer

Auch alle Schulfächer werden stets großgeschrieben.

Schulfächer, z. B.	Humanities *(Gesellschaftswissenschaften wie Erdkunde, Geschichte)* Geography *(Erdkunde)* History *(Geschichte)* Maths *(Mathematik)* Sciences *(Naturwissenschaften)* PE / Physical Education *(Sport)* RE / Religious Education *(Religion)* Art *(Kunst)*

Sonderfälle

Darüber hinaus gibt es eine Reihe von Einzelwörtern, deren Großschreibung durch die genannten Regeln nicht zu erklären ist: *Big Wheel, CD, T-shirt, TV.*

Zusammenfassung

Nicht alle Wörter werden im Englischen kleingeschrieben. Eigennamen, geografische Bezeichnungen (Städte, Länder...) werden genauso wie feststehende Zeitangaben (Monate, Feiertage ...) großgeschrieben. Dies gilt auch für Schulfächer.

Veränderung des Wortendes bei Zeitenbildung, Steigerung und Pluralformen

Durch verschiedene grammatische Prozesse kommt es zur Veränderung der ursprünglichen Rechtschreibung einzelner Worte. Diese Veränderungen betreffen in der Regel den ausklingenden Vokal oder Konsonanten am Ende des Wortes.

-y wird zu *-i* / *-ie*

Die häufigste Veränderung ist die Verwandlung von *-y* am Wortende in ein *-i* oder *-ie*. Dies geschieht bei der Bildung von Adverbien (*-y* zu *-i*), bei der Plural- und bei der Zeitenbildung (*-y* zu *-ie*).

Bildung von	Grundform -y	*-i* / *-ie*
Adverbien	easy	→ easily
Pluralformen	family	→ two families
Zeiten	worry try	→ he worries / worried → she tries / tried

Denke daran, dass das *-y* erhalten bleibt, wenn es auf einen Vokal folgt (z. B. stay → stayed; enjoy → enjoys).

-ie wird zu *-y*

Seltener ist der umgekehrte Fall, der aber bei einigen wenigen Verben auftritt, wenn das *present participle* gebildet wird.

Bildung des	Grundform *-ie*	*-y* vor *-ing*
present participle	lie	lying

Das stumme *-e* fällt weg

Es gibt eine Reihe von Wörtern, die am Ende mit einem *-e* geschrieben werden, das aber nicht gesprochen wird. Dieses *-e* entfällt bei der Steigerung von Adjektiven und der Zeitenbildung.

Bildung des	Grundform *-e*	–
Komparativs / Superlativs	nice	→ nicer, nicest
present participle	live	→ living
simple past	phone	→ phoned

Ein *-e* muss eingeschoben werden

Nach *-ch*, *-s*, *-sh* oder *-x* (= Zischlaute) am Ende eines Wortes muss dagegen bei der Pluralbildung und der Bildung der 3. Person Singular im Präsens ein *-e* eingeschoben werden.

Bildung des	Grundform	eingeschobenes *-e*
Plurals	box	→ boxes
3. Person Singular	watch	→ he watches

Der Konsonant am Wortende wird verdoppelt

Nach einem kurzen Vokal wird der auslautende Konsonant bei der Steigerung von Adjektiven und der Zeitenbildung verdoppelt.

Bildung des	Grundform	verdoppelter Konsonant
Komparativs	big	→ bigger
present participle	sit	→ sitting
simple past	stop	→ stopped

-f wird zu *-ve*

Ist der letzte Laut eines Substantivs ein *-f*, wird dieses bei der Pluralbildung durch *-ve* ersetzt.

Bildung des	Grundform *-f*	*-ves*
Plurals	wife	→ wives

-le wird zu *-ly*

Bei der Bildung von Adverbien wird aus der Endung *-le* des Adjektivs ein *-ly*.

Bildung des	Grundform *-le*	*-ly*
Adverbs	terrible	→ terribly

Zusammenfassung

Bei der Bildung des Plurals, der Zeiten, den Steigerungsformen und der Bildung von Adverbien sind eine Menge von Veränderungen in der Rechtschreibung zu berücksichtigen. Die wichtigsten Regeln sind: (1) *-y* wird zu *-i / ie*, (2) das stumme *-e* fällt weg, (3) das eingeschobene *-e* bei Zischlauten und (4) die Verdopplung des Endkonsonanten.

Mediation

Manchmal musst du zwischen zwei Sprachen vermitteln. Diesen Vorgang nennt man in englischer Sprache *mediation*. Versuche dabei nicht alles wörtlich zu übersetzen, sondern gib nur das Wesentliche wieder.

Im folgenden Dialog wird die Technik deutlich.

Dialog		Mediation
Assistant:	Can I help you?	
Lisa:	Yes, my friend wants to buy some cheap souvenirs from London.	
Assistant:	Well, we've got T-shirts on the second floor. They are on special offer this week. The cheapest are 3.99 £.	
		Lisa: *Es gibt T-Shirts für 3.99 £.*
Tom:	Nee, meine Schwester hat schon so eins. Vielleicht irgendwelche Sehenswürdigkeiten als Modell.	
		Lisa: *What about some models of London sights?*
Assistant:	We've got plenty. How about a model of Big Ben and the Houses of Parliament. You can put it together.	
		Lisa: *Ein Bausatz von Big Ben?*
Tom:	Das ist blöd. Nichts zum Basteln! Irgendwas zum Hinstellen, irgendwas Besonderes.	
		Lisa: *Well, my friend is looking for something really special which can be displayed.*
Assistant:	In that case I suggest a mug with the Tower Bridge on it.	
		Lisa: *Was hältst du von einer großen Tasse mit der Tower Bridge als Motiv?*
Tom:	Das hört sich gut an.	

Bilder beschreiben

Um ein Bild genau zu beschreiben, musst du es in Gedanken in seine einzelnen Bestandteile zerlegen.

Folgende Formulierungen können dir dabei helfen:

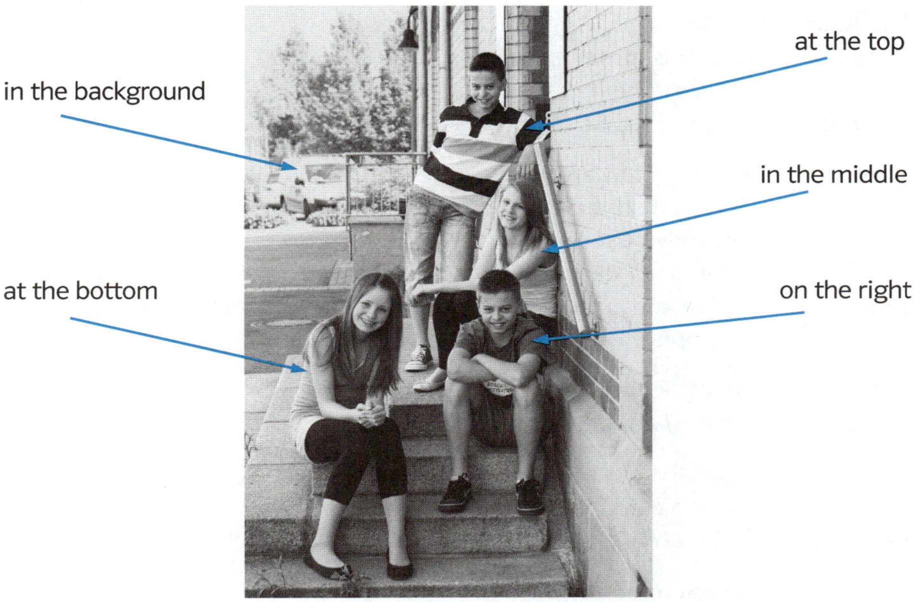

Beginne mit einer Aussage darüber, um was für ein Bild (Photo, Zeichnung etc.) es sich handelt. Präpositionen wie *behind, in front of, next to, between, under* ermöglichen, die Beziehungen zwischen den Einzelteilen näher zu beschreiben.

Tipp: Fang mit dem an, was am ehesten ins Auge springt. Dies ist meistens im Zentrum des Bildes. Achtung! Es heißt ***in the photo***, nicht *on*!

Für Bildbeschreibungen nimmst du das *present progressive* (z. B. *is showing*)!

Zusammenfassung

Gib beim Vermitteln zwischen zwei Sprachen nicht jedes einzelne Wort wieder, sondern konzentriere dich auf das Wesentliche.
Für Bildbeschreibungen brauchst du *present progressive*. Beschreibe detailliert die Einzelheiten in den verschieden Teilen des Bildes.

Telefonieren

Auffällig anders als im Deutschen ist vor allem der Beginn des Gesprächs. Sehr häufig nennt der Angerufene nicht seinen Namen, sondern die Telefonnummer, die man gewählt hat. Rufst du eine Handy-Nummer an, ist der Ton lockerer. Typischerweise meldet sich der Gesprächsteilnehmer mit *hello* bzw. *yeah*.

Mrs Adams: **5700346**
Tom: ***Hello. This is*** *Tom (speaking).*
Is Laura at home?
Mrs Adams: Yes she is. Wait a minute.

Tom: Laura? Hi. **How are you**?
Laura: I`m fine, thanks. How are you?
Tom: *Fine. We`ve just come back from our holiday.*
I have to tell you all about it. What are you doing this afternoon?
Laura: Oh, I`ve got so much work to do for tomorrow. Maths and Geography.

Tom: Hm. What about tomorrow?
Laura: *Great. When can we meet?*

Tom: If I get the bus at three twenty-seven, I will be at your house at four o`clock.
Laura: *That`s all right.*

Tom: **See you tomorrow.**
Laura: ***Bye.***

! Die Null wird bei Telefonnummern wie ein [o] gesprochen. Stehen zwei gleiche Zahlen hintereinander, so fasst man diese zu einer *double number* zusammen.

Nummer	Aussprache
4790245	four seven nine **o** two four five
3779221	three **double seven** nine **double two** one

Briefe schreiben

Bei der Gestaltung des Briefes solltest du auf den Briefkopf, die Anrede und die abschließende Grußformel achten.
Im Gegensatz zum Deutschen schreibt man in einem englischen Brief die eigene Adresse rechts oben hin.
Etwas abgesetzt folgt das Datum ebenfalls auf der rechten Seite stehend.

Du sprichst den Adressaten – egal wie gut du ihn kennst – mit *Dear* an.

Am Ende des eigentlichen Briefes solltest du eine Abschiedsformel nicht vergessen.

7, Oxford Road
York
Y43 5CT

July 27th, 2012

Dear Mark,

Thank you for your postcard from Italy. Here in York the weather is really bad. It has rained for eight days now.

Next week school starts again. We might be getting a new German teacher. I didn`t like Mr Schmidt. The lessons were boring.

My little sister will now go to my school, too. She is still as crazy as you got to know her last year.

Please write back soon.

Love,
Susan

Zusammenfassung

Telefonieren und Briefeschreiben will gelernt sein. Häufig meldet sich der Angerufene nicht mit seinem Namen, sondern mit seiner Nummer. Die Aussprache von Telefonnummern weicht von normalen Ordnungszahlen ab. Der englische Brief setzt die Adresse nach rechts oben. Die Anrede ist immer gleich.

Bausteine für die alltägliche Kommunikation

Zu alltäglichen Gesprächssituationen gehören sich kennenlernen, um etwas bitten, sich bedanken und sich entschuldigen. Je nach Anlass und Gesprächspartner sind unterschiedliche sprachliche Floskeln angemessen.

Sich kennenlernen

		Mögliche Antworten
sehr höflich	How do you do?	How do you do? Pleased to meet you.
höflich	Good morning, Mr / Mrs / Miss Killip.	Good morning.
locker	Hello, Jane / Hi. How are you? What's your name? Where do you come from? How are things over there?	Hi. Fine. Thanks. / Not too bad. How are you? My name is Gavin. But you can call me Gav. I'm from Germany. Great!

Um etwas bitten / Wünsche äußern

		Mögliche Antworten
sehr höflich	Would you mind turning down the loud music?	Of course not.
höflich	May I have some water, please? Could you pass the bread, please? I'd like to have some milk, please.	Help yourself. Certainly. Here you are.
locker	Can you do me a favour? Let's go to McDonald's. How about going to the cinema?	No problem. Good idea. Yeah, let's do that. Sounds great.

Unhöflich ist es, in diesem Zusammenhang das Verb *want* zu benutzen.

Sich bedanken

		Mögliche Antworten
sehr höflich	Thank you very much.	You're welcome.
höflich	Thank you.	You're welcome. Pleasure.
locker	Thanks./Thanks a lot.	No problem.

Sich entschuldigen

		Mögliche Antworten
sehr höflich	I beg your pardon. (What did you say?) I apologize for being late.	I said that ... You shouldn't be late that often.
höflich	Excuse me. (You are in my way.) I'm very sorry.	Oh, I didn't see you. Never mind.
locker	Sorry. Sorry about that.	Don't worry. (It) doesn't matter./That's okay.

Grundsätzlich eignet sich *excuse me* für Situationen, in denen du jemanden ansprichst, um ihn um etwas zu bitten. *Sorry* hingegen ist angemessen, wenn du einen Fehler gemacht hast.

Excuse me. Do you know when the British Museum opens today?	*Entschuldigen Sie. Wissen Sie, wann das Britische Museum heute öffnet?*
Excuse me. (= Aufforderung, aus dem Weg zu gehen)	*Darf ich (vorbei)?*
Sorry. It won't happen again.	*Entschuldigung. Es kommt nicht wieder vor.*

Zusammenfassung

Je nach Gesprächspartner und Situation sind unterschiedliche sprachliche Formeln notwendig. Achte darauf, sprachlich angemessen zu reagieren, um nicht unhöflich zu wirken.

Unterschiede zwischen dem deutschen und englischen Schulsystem

Es gibt eine Reihe von auffälligen Unterschieden zwischen dem deutschen und dem englischen Schulsystem.

Dauer eines Schultages

Der Schultag in England beginnt in der Regel nicht schon um kurz vor acht wie in Deutschland. Meistens fängt die erste Stunde erst gegen 9 Uhr an. Dafür erstreckt sich der Unterricht über den ganzen Tag. Während du vielleicht ein oder zwei Mal Nachmittagsunterricht hast, kennen die Briten nur die **Ganztagesschule**.

Wenn der Unterricht gegen halb vier am Nachmittag endet, haben englische Schüler zusätzlich noch Hausaufgaben auf. Sie haben also deutlich weniger Freizeit außerhalb der Schule.

Ein typischer Stundenplan sieht folgendermaßen aus:

8 MD	Monday	Tuesday	Wednesday	Thursday	Friday
9:05	Science	Art	PE	Assembly/RE	Maths
10:05	Technology	Drama	German	German	PE
11:00	B	R	E	A	K
11:15	Technology	Humanities	Humanities	Science	Humanities
12:10	L	U	N	C	H
1:25	Maths	English	Maths	Music	English
2:20	B	R	E	A	K
2:35	English	German	English	Technology	Science

Wenigstens einmal in der Woche (manchmal auch jeden Tag) findet eine sogenannte *assembly* statt, eine Versammlung, die vor allem für organisatorische Zwecke genutzt wird. Dabei kommen die Schüler der gesamten Schule zusammen.

Die Unterrichtsstunde dauert **55 Minuten**. Durch die spätere Anfangszeit und die längere Stundendauer haben die Schüler deutlich weniger Fächer am Vormittag.

Jede weiterführende Schule verfügt über eine Kantine, in der die Schüler zu Mittag essen.

In der Mittagspause finden darüber hinaus vielfältige außerunterrichtliche *activities* wie z. B. Theater- oder Computer AGs statt. Manche dieser Angebote finden allerdings auch erst nach dem Nachmittagsunterricht statt (15.30 – 17.00 Uhr).

Eine Schule für alle

Ein weiterer wesentlicher Unterschied ist, dass es in Großbritannien keine Unterteilung zwischen Gymnasien, Real- und Hauptschulen gibt. Alle Schüler gehen auf eine Gesamtschule (*comprehensive school*).

Je nach Fähigkeit besuchen die Schüler eines Jahrgangs teilweise unterschiedliche Kurse eines bestimmten Faches, so dass jeder auf seine Weise besonders gefördert werden kann.
Doch auch bei schlechten Noten, sogar bei mangelhaften oder ungenügenden Leistungen in einem oder mehreren Fächern gilt: Sitzen bleiben kann man in Großbritannien nicht!

Schuluniform

Nicht zuletzt ist die Schuluniform der englischen Schüler ein Unterschied, der einem sofort ins Auge springt.

Jede Schule hat dabei ihre eigenen Farben und Symbole. Durch die Uniform soll vermieden werden, dass Schüler, die es sich nicht leisten können, stets die neueste Mode oder bestimmte Marken zu tragen, ausgegrenzt werden.

Zusammenfassung

Das deutsche und das englische Schulsystem sind sehr unterschiedlich. Der englische Schultag dauert von ca. 9 Uhr bis 15.30 Uhr, wobei außerunterrichtliche Aktivitäten und Hausaufgaben noch hinzukommen. Außerdem kann man auf der *comprehensive school* in Großbritannien nicht sitzen bleiben. Alle Schüler tragen eine Schuluniform.

Lebensverhältnisse in Großbritannien (Wohnen, Essen)

Nicht nur das Schulsystem, sondern auch wie die Briten wohnen, was sie essen und wie sie ihre Freizeit verbringen, unterscheidet sich ziemlich von deutschen Gegebenheiten.

Wohnverhältnisse

Während viele Deutsche, besonders in den Großstädten, in Mietwohnungen leben, hat das Eigenheim in Großbritannien eine lange Tradition. Natürlich gibt es auch in England Hochhäuser mit Mietwohnungen, doch selbst in Ballungsgebieten ist das eigene Reihenhaus die typischere Wohnform.

Ein häufig anzutreffendes Straßenbild ist die Anreihung von gleich aussehenden Backsteinhäusern. Diese verfügen oft über einen sehr kleinen Vorgarten, aber keine Garage.

Auch der Wohnraum in diesen Häusern ist begrenzt. Häufig gibt es unten neben der Treppe lediglich ein Wohnzimmer, ein kleines Bad und die Küche. Oben befinden sich dann Schlaf- und Kinderzimmer.

Das Wohnzimmer enthält in vielen Häusern noch einen funktionierenden offenen Kamin, der jedoch immer stärker durch Nachbildungen ersetzt wird.

Natürlich gibt es – je nach Wohlstand – auch größere, frei stehende Häuser, die über mehr Räume im Innern und einen großen Garten verfügen.

Essen
Über nichts wird so schlecht geredet wie über das britische Essen. Dabei ist das Angebot viel besser als der Ruf!

Frühstück
Für viele Deutsche ist schon das englische Frühstück ungewohnt.
Zu Beginn des Tages werden häufig Bohnen, Schinkenspeck und Rührei gegessen. Dazu isst man *toast*. Diese Kombination am Morgen mag für uns ungewohnt sein, ist aber sehr nahrhaft und lässt einen über viele Stunden des Tages satt sein.
Längst nicht alle machen jedoch ein so aufwendiges Frühstück. Viele nehmen stattdessen auch einfach nur *cornflakes*.

Mittag- und Abendessen
Mittag- und Abendessen auf den britischen Inseln ist sehr stark von der Kartoffel geprägt. Frisches Gemüse hat eine untergeordnete Bedeutung. Der Kartoffel-Klassiker ist *fish \`n\` chips*, also Pommes Frites mit einem frittierten Fisch.

Verwechslungsgefahr! Das englische Wort *chips* hat nicht dieselbe Bedeutung wie im Deutschen, sondern bedeutet Pommes Frites. Das Salzgebäck zum Knabbern heißt im Englischen *crisps*.

Wenn man über das Essen in Großbritannien spricht, darf nicht vergessen werden, dass die ureigene Küche der Inseln durch Gerichte der Einwanderer ergänzt wird. Bedingt durch die Geschichte des britischen Empires leben heute viele Inder, Pakistani und Afrikaner in Großbritannien, die ihre Kultur mitgebracht haben. Nirgendwo in Europa kann man deshalb heute besser indisch essen als in England.

Zusammenfassung

Englische Familien leben in der Regel in einem eigenen Haus. Bei einem durchschnittlichen Verdienst können sie sich ein kleines Reihenhaus leisten.
Das britische Essen ist besser als sein Ruf. Für uns ungewohnt ist das Frühstück. Die Gerichte der Einwanderer ergänzen die ursprüngliche Küche Großbritanniens.

Weihnachten in Großbritannien

Weihnachten in Großbritannien ist wie bei uns ein Familienfest. Es findet jedoch nicht am Heiligabend statt.

Ablauf der Feiertage

Am Abend des 24. Dezembers (*Christmas Eve*) gehen die Kinder mit einer gewissen Unruhe und großen Erwartungen ins Bett. Sie haben ihre Strümpfe an einen Stuhl oder direkt an den Kamin gehängt und wissen, dass in der Nacht die Geschenke gebracht werden.

Eltern erzählen ihren Kindern, dass der Weihnachtsmann (*Santa Claus* oder auch *Father Christmas* genannt) durch den Schornstein in den Kamin fahren und die Geschenke in die Strümpfe hineinpacken wird. Die größeren Geschenke legt *Father Christmas* unter den Weihnachtsbaum.

Am 25. Dezember, dem *Christmas Day*, werden als erstes die Geschenke ausgepackt.

Gegen Mittag kommt die ganze Familie zum *Christmas dinner* zusammen. Es gibt in der Regel Truthahn (*turkey*), Kartoffeln und Gemüse.
Als Nachtisch gibt es einen besonderen *Christmas pudding*.

Während des Essens setzen alle eine Papierkrone auf.

Darüber hinaus ziehen sie die *Christmas crackers* auseinander. Diese enthalten ein kleines Geschenk und ein Rätsel.

Am 26. Dezember, dem *Boxing Day*, wird in Großbritannien ganz normal gearbeitet. Früher gaben die Wohlhabenden ihren Bediensteten an diesem Tag kleine *boxes* mit Geschenken. Heute ist es üblich, Briefträgern, Schornsteinfegern oder anderen, die an diesem Tag Dienst leisten, ein kleines Geschenk zu überreichen.

Weihnachtskarten

Noch verbreiteter als in Deutschland ist es in Großbritannien, Weihnachtskarten zu schreiben. Diese werden gewöhnlich im Wohnzimmer aufgehängt.
Auf diese Karten schreibt man:

Merry Christmas and a happy New Year

Achte auf die Großschreibung aller Feiertage!
Vielfach wird in den letzten Jahren *X-mas* statt *Christmas* geschrieben.

!

Zusammenfassung

Das Weihnachtsfest besteht in Großbritannien streng genommen nur aus dem Christmas Day. Morgens werden die Geschenke ausgepackt. Mittags kommt die Familie zum traditionellen *Christmas dinner* zusammen.

Die britischen Inseln

Die britischen Inseln lassen sich geografisch und politisch gliedern. Es ist wichtig, diese Begriffe nicht durcheinanderzubringen. Die Insellage ist für Geschichte, Wirtschaft und Kultur bis heute prägend.

England, Großbritannien und das Vereinigte Königreich

Großbritannien umfasst England, Schottland und Wales.

Das Vereinigte Königreich (United Kingdom) besteht aus Großbritannien und Nordirland, das durch das Meer abgetrennt ist.

Das Vereinigte Königreich wird von London aus regiert. Die einzelnen Länder haben aber eine gewisse Eigenständigkeit, die sich in ihrer Kultur (z. B. Sprache, Fußball-Nationalmannschaft etc.) ausdrückt. Insbesondere Schottland kämpft seit Jahren für eine größere Unabhängigkeit.

Die Republik Irland im Süden der irischen Insel ist unabhängig. Die katholische Religion unterscheidet sie von dem mehrheitlich protestantischen Glauben im United Kingdom.

! Sage nie 'Engländer' zu einem Schotten oder Waliser. Sie sind bestenfalls Briten (*Britons*). Iren wären sehr beleidigt, wenn du sie als 'Briten' oder, noch schlimmer, als 'Engländer' bezeichnen würdest!

Jahrtausendlange Prägung durch Insellage

Schon allein durch die zersplitterte Lage hat das Meer seit jeher die britischen Inseln geprägt. Seefahrt und Fischerei haben daher eine uralte Tradition. Die Küste ist übersäht mit kleinen und großen Hafenstädten (z. B. Dover, Brighton, Plymouth, Bristol).
Von keinem Ort des United Kingdom ist das Meer weit entfernt. Dieses hat schon immer eine gewisse Anziehungskraft auf die Menschen ausgeübt.
Das Meer hat die britischen Inseln bis auf wenige Ausnahmen vor einer feindlichen Invasion geschützt. Gleichzeitig blieben sie von den politischen Konflikten auf dem Kontinent weitgehend unberührt. Dies mag unter anderem erklären, warum sich Großbritannien mit der Eingliederung in die europäische Union heute so schwertut.

Als traditionelle Seemacht besaß Großbritannien im 19. Jahrhundert ein Weltreich (*Empire*). Viele Einwohner ehemaliger Kolonien – vor allem Indien, Pakistan, Bangladesh – leben heute auf den britischen Inseln.

Wie kommt man nach Großbritannien?

Natürlich kannst du ein Flugzeug besteigen und einen der vielen Flughäfen der Insel anfliegen (z. B. *London Heathrow*). Möchte man allerdings mit dem eigenen Auto dorthin reisen, so muss man entweder eine der Fähren von Belgien oder Frankreich aus nehmen oder kann mit dem schnellen Luftkissenboot (*hovercraft*) die englische Küste erreichen. Die wichtigsten Anlaufstationen für die Schiffe vom Kontinent sind Dover, Folkstone, Newhaven und Harwich.
Seit zwanzig Jahren gibt es durch den *Channel Tunnel* auch eine Zugverbindung von Frankreich nach England, die unter der Nordsee verläuft.

Zusammenfassung

England, Großbritannien und das Vereinigte Königreich bezeichnen unterschiedliche geografische Räume und politische Einheiten. Das Meer rund um die britischen Inseln hat seit jeher Wirtschaft, Besiedelung und Denken geprägt. Großbritannien ist mit dem Auto über zahlreiche Fährverbindungen und den *Channel Tunnel* zu erreichen.

Wales und Schottland

Großbritannien besteht aus vielen unterschiedlichen Regionen, die alle ihre kulturellen und sprachlichen Eigenarten haben.

Wales

Etwa drei Millionen Menschen leben in Wales. Früher lebten viele Familien vom Kohlebergbau, doch heute ist der Tourismus die wichtigste Einnahmequelle. Insbesondere der *Snodownia National Park* mit dem höchten Berg des Landes (*Snowdon*) zieht die Menschen an. Die Waliser (*the Welsh*) sind bekannt für ihre Leidenschaft für *rugby*, das dort populärer ist als Fußball.

Höchstens ein Fünftel der Bevölkerung spricht – neben Englisch – noch die keltische Landessprache *Welsh*. Die vom Aussterben bedrohte Sprache geht auf die keltischen Ursprünge von Wales zurück. Um die Sprache zu erhalten, gibt es Radio- und Fernsehprogramme auf Walisisch, und die meisten Straßenschilder sind zweisprachig.

Schottland

Während Wales in der Antike von der Römerherrschaft geprägt wurde, widersetzten sich die schottischen Ureinwohner erfolgreich einer Besatzung. Sie sorgten derartig für Unruhe, dass Kaiser Hadrian 138 n. Chr. eine Mauer von Küste zu Küste (*Hadrian's Wall*) baute, um vor den Einfällen der so genannten Barbaren sicher zu sein.

Auch in Schottland sprechen manche Leute – neben einem ausgeprägten Dialekt des Englischen – noch eine alte keltische Sprache, das schottische Gälisch (*Gaelic*).
Schottland ist geprägt von der landschaftlichen Unberührtheit und Schönheit der *Highlands*, in denen sich Traditionen, die man z. B. bei den *Highland Games* noch deutlich erkennen kann, bewahrt haben.

7. / 8. Klasse

Pronomen

Reflexivpronomen beziehen sich auf das Subjekt eines Satzes. Dabei können sie verwendet werden, um das Subjekt hervorzuheben (verstärkender Gebrauch) oder um eine Handlung auf das Subjekt zurückzubeziehen (reflexiver Gebrauch). Reziproke Pronomen drücken eine wechselseitige Beziehung zwischen Personen aus.

Die Reflexivpronomen *-self/-selves*

Achte auf die unterschiedlichen Endungen im Singular und Plural! Diese werden häufig miteinander verwechselt:

	1. Person	2. Person	3. Person
Singular	myself	yourself	himself, herself, itself
Plural	ourselves	yourselves	themselves

Verstärkender Gebrauch:
Mit den Pronomen *-self/-selves* kann das Subjekt eines Satzes besonders hervorgehoben oder betont werden, dass das Subjekt irgendetwas selbst tut. Im Deutschen verwenden wir *selbst/selber* oder *alleine*.

The hotel **itself** was a nightmare. | Das Hotel selbst war ein Alptraum.
I have done the washing-up **myself.** | Ich habe den Abwasch ganz allein gemacht.
I can't help you at the moment. Do it **yourselves,** children! | Ich kann euch im Moment nicht helfen. Macht es alleine, Kinder!

Reflexiver Gebrauch:
Wenn Subjekt und Objekt identisch sind, können Reflexivpronomen dazu verwendet werden, dass sich das Objekt auf das Subjekt zurückbezieht. Im Deutschen steht in diesen Fällen *mich/dich/sich … (selbst).*

Have you cut **yourself?** | *Hast du dich (selbst) geschnitten?*
He saw **himself** in the mirror. | *Er sah sich selbst im Spiegel.*
Old people often can't look after **themselves** anymore. | *Alte Leute können oft nicht mehr für sich selber sorgen.*

Reflexivpronomen sind im Englischen wesentlich seltener als im Deutschen. Längst nicht bei allen Verben, bei denen im Deutschen ein Reflexivpronomen verwendet wird, steht auch im Englischen eines! Besonders häufig kommt es zu Fehlern im Umgang mit folgenden Verben:

englisch: nicht reflexiver Gebrauch	deutsch: reflexiver Gebrauch
The weather **changed.**	*Das Wetter **veränderte sich.***
The students **concentrate** on …	*Die Schüler **konzentrieren sich** auf …*
She **felt** better after …	*Sie **fühlte sich** besser, nachdem …*
Let's **meet** in front of the cinema!	*Wir **treffen uns** vor dem Kino!*
Do you **remember** our trip to …?	***Erinnerst** du **dich an** unsere Reise nach …?*
The Italian immigrant **sat down.**	*Der italienische Einwanderer **setzte sich.***
Dad **shaves** every morning.	*Papa **rasiert sich** jeden Morgen.*
I **wonder** what's wrong with her.	*Ich **frage mich,** was mit ihr los ist.*

Die reziproken Pronomen *each other* und *one another*

Sie haben die gleiche Bedeutung und drücken aus, dass eine wechselseitige Beziehung zwischen verschiedenen Personen besteht. Im Deutschen wird dies mit *sich*, *einander* oder *gegenseitig* übersetzt:

Lern-Video

Robert and Susan love **each other.**	*Robert und Susan lieben **sich** (= einander).*
Since their argument they haven't spoken with **one another.**	*Seit ihrem Streit haben sie nicht mehr **miteinander** gesprochen.*

Achte auf die unterschiedliche Bedeutung der beiden Pronomenarten:

They are looking at **themselves** in the mirror.	*Sie schauen (jeder) **sich** (selbst) im Spiegel an.*
They are looking at **each other.**	*Sie schauen **sich gegenseitig** an.*

Zusammenfassung

- Reflexivpronomen drücken eine Beziehung zwischen einem identischen Subjekt und Objekt aus. Das Pronomen bezieht sich auf das Subjekt des Satzes zurück.
- Reziproke Pronomen drücken eine Beziehung zwischen verschiedenen Personen aus.

Will / would, shall und should / ought to

Die Modalverben *will, would, shall, should* und *ought to* können verwendet werden, um Bitten und Vorschläge zu machen oder Hinweise zu geben. Sie haben keine Ersatzformen und weisen stets in die Zukunft.

Will you?, Would you?

Die Hilfverben *will* und *would* werden in erster Linie zur Bildung von *will-future* bzw. *conditional* gebraucht. Sie können aber auch verwendet werden, um eine Bitte oder Aufforderung zum Ausdruck zu bringen. Im Deutschen kann dies mit *möchtest du* bzw. *würdest du bitte* wiedergegeben werden:

Will you babysit again?	***Hättest du Lust,*** noch einmal babyzusitten?
Would you please close the window?	***Würdest du bitte*** das Fenster zumachen?

Shall I?, Shall we?

Fragen mit *shall* sind nur in der ersten Person Singular oder Plural möglich. Sie können verwendet werden, wenn du einen Vorschlag oder ein Angebot machen möchtest:

Shall I bring my new CD?	***Soll ich*** *meine neue CD mitbringen?*
Shall we meet at Piccadilly Circus?	***Sollen wir*** *uns am Piccadilly Circus treffen?*

should / ought to

Should und *ought to* drücken einen Rat, eine Ermahnung bzw. Verpflichtung aus. *Ought to* wirkt dabei verbindlicher als *should*:

You **should** stay in bed all day!	*Du* ***solltest*** *den ganzen Tag im Bett bleiben!*
You **oughtn't to** drink beer at the age of 14!	*Mit 14* ***solltest du*** *kein Bier trinken!*

Modalverb + have + past participle

Die Kombination Modalverb + *have* + *past participle* bezieht sich dagegen auf die Vergangenheit. Du kannst sie verwenden, um auszudrücken, was möglicherweise passiert ist oder was hätte passieren können bzw. sollen.

The Indian tribe **may have moved** to a different place in the reservation.	*Der Indianerstamm **könnte** zu einem anderen Platz innerhalb des Reservates **gezogen sein.***
He **must have been** drunk.	*Er **muss** betrunken **gewesen sein.***
He **could have been dead** now.	*Er **hätte** jetzt **tot sein können.***
You **shouldn't have argued** with him.	*Du **hättest** nicht mit ihm **streiten sollen.***
You **needn't have come.** I'm fine!	*Du **hättest nicht zu kommen brauchen.** Mir geht's gut!*

used to

Auch das Hilfsverb *used to* weist in die Vergangenheit. Auf das Hilfsverb folgt der Infinitiv eines Vollverbs. Im Deutschen wird *used to* in der Regel mit einem temporalen Adverb (*früher, damals*) wiedergegeben.

We **used to** go to Italy in our holidays.	***Früher** sind wir (immer) in den Ferien nach Italien gefahren.*
At primary school I **used to** like Maths.	***Damals** in der Grundschule mochte ich Mathe gern.*

Zusammenfassung

- Eine Reihe von Modalverben besitzt keine Ersatzformen. *Will, would, shall, should* und *ought to* kommen daher nur in einer in die Zukunft weisenden Bedeutung vor.
- Das Muster Modalverb + *have* + *past participle* und das Hilfverb *used to* verweisen dagegen auf die Vergangenheit.

Past perfect

Das *past perfect* entspricht dem deutschen Plusquamperfekt. Es beschreibt Handlungen, die vor einem bestimmten Zeitpunkt in der Vergangenheit abgeschlossen waren.

Bildung

Past perfect wird mit *had* und der dritten Verbform *(past participle)* gebildet. Die Form ist für alle Personen gleich. Bei regelmäßigen Verben hat das *past participle* die gleiche Form wie das *simple past* (Grundform + *-ed*).

They **had watched** the interesting experiment.	*Sie hatten das interessante Experiment angeschaut.*
Living in a reservation wasn't like the life the Indians **had known** before.	*Das Leben im Reservat war nicht das Leben, das die Indianer gekannt hatten.*

! Die Kurzform von *had* kann leicht mit der Kurzform von *would* verwechselt werden. Beide Hilfsverben werden durch *'d* (*I'd, he'd*) abgekürzt.

Verneinung

Bei der Verneinung wird *not* zwischen *had* und das *past participle* gesetzt:

Tom **had not done** anything wrong.	*Tom hatte nichts falsch gemacht.*
Cindy and Ben **hadn't seen** each other for months.	*Cindy und Ben hatten sich seit Monaten nicht gesehen.*

Fragen

Bei Fragen rückt *had* an die Satzspitze bzw. steht nach dem Fragewort. Danach folgt das Subjekt und das *past participle:*

Had she **been disappointed** by the party?	*War sie von der Party enttäuscht?*
When **had** Pamela **found** out the truth?	*Wann hatte Pamela die Wahrheit herausgefunden?*

Gebrauch

Man benutzt *past perfect*:

(1) für vorzeitige Handlungen. Das bedeutet, das *past perfect* beschreibt Vorgänge, die bereits beendet waren, als in der Vergangenheit eine andere Handlung begann. Die neue Handlung steht in der Regel im *simple past.* Die folgenden Signalwörter weisen auf seine Verwendung hin.

Signalwörter	Beispiele
after	**After** they **had seen** the movie at the cinema, they went to McDonald's. *Nachdem sie den Film im Kino gesehen hatten, gingen sie zu McDonald's.*
before	Often the immigrants **had had** a hard life **before** they came to the US. *Die Einwanderer hatten oft ein hartes Leben (gehabt), bevor sie nach Amerika kamen.*
when	**When** the doctor arrived, Mary **had been ill** for 3 days. *Als der Arzt kam, war Mary (schon) 3 Tage krank.*
already	Kevin **had already seen** the postman, so it was no surprise when the doorbell rang. *Kevin hatte den Postboten bereits gesehen, so dass es keine Überraschung war, als die Türglocke läutete.*

(2) in der Redewendung *if only* + *past perfect.* Mit dieser Formulierung kann man irreale Wünsche ausdrücken, d. h. man wünscht sich, dass es anders gekommen wäre, obwohl man es jetzt nicht mehr ändern kann.

If only I had learned for the Biology class test!	*Wenn ich nur für die Biologiearbeit gelernt hätte!*

Zusammenfassung

- Das *past perfect* wird mit *had* und dem *past participle* gebildet.
- Es wird vor allem zur Beschreibung von Handlungen, die sich zu einem bestimmten Zeitpunkt in der Vergangenheit bereits ereignet hatten, verwendet.
- Die neue Handlung in der Vergangenheit, die häufig im gleichen Satz gegenübergestellt wird, steht im *simple past.*

Past perfect progressive

Past perfect progressive hat im Deutschen keine Entsprechung. Im Englischen beschreibt es Handlungen, die in der Vorvergangenheit begonnen hatten und in der Vergangenheit noch andauerten. Gegenüber dem einfachen *past perfect* betont das *past perfect progressive* die Dauer einer Handlung.

Bildung

Past perfect progressive wird mit *had* + *been* + *present participle* (= *-ing*-Form) gebildet. Die Form ist für alle Personen gleich.

The fans **had been waiting** for many hours before the match began.	*Die Fans hatten mehrere Stunden lang gewartet, bevor das Spiel begann.*
Nigel **had been working** on the yearbook of the school for a quite a while.	*Nigel hatte eine ganze Weile am Jahrbuch der Schule gearbeitet.*

Verneinung

Bei der Verneinung wird *not* direkt hinter *had* gesetzt:

Kim **had not been listening** to CDs.	*Kim hatte keine CDs angehört.*
The McDermits **had not been watching** the TV documentary.	*Die McDermits hatten die TV-Dokumentation nicht gesehen.*

Fragen

Bei Fragen rückt *had* an die Satzspitze bzw. steht nach dem Fragewort. Danach folgt das Subjekt + *been* + *present participle:*

Had they **been talking** about John's suggestion that long?	*Hatten sie so lang über Johns Vorschlag gesprochen?*
How long **had** you **been waiting** before you decided to leave?	*Wie lange hattet ihr gewartet, bevor ihr euch entschlossen habt zu gehen?*

Gebrauch

Man benutzt *past perfect progressive* für Handlungen, die irgendwann in der Vorvergangenheit angefangen hatten und in der Vergangenheit noch andauerten. Dabei wird vor allem die Dauer der Handlung betont. Insbesondere die folgenden Signalwörter weisen auf diese Verwendung hin:

Signalwörter	Beispiele
for	I **had been waiting for** more than one hour when the doctor told me to come in. *Ich hatte schon seit mehr als einer Stunde gewartet, als der Arzt mich hereinbat.*
since	Emily **had been sitting** in the classroom **since** 8 o'clock when at last the teacher came in and passed out the exam sheets. *Emily hatte seit 8 Uhr im Klassenzimmer gesessen, als endlich die Lehrerin herein kam und die Klassenarbeit verteilte.*

Du verwendest *for* mit dem *past perfect progressive*, wenn ein **Zeitraum** ausgedrückt werden soll. *Since* bezieht sich immer auf einen **Zeitpunkt!**

!

past perfect oder *past perfect progressive?*

Beide Zeiten drücken eine Vorzeitigkeit aus. Beim einfachen *past perfect* ist die Handlung zu einem bestimmten Zeitpunkt in der Vergangenheit bereits abgeschlossen, während sie im *past perfect progressive* noch andauert.

past perfect	*past perfect progressive*
They **had waited** an hour, but when we arrived, they had left. *Sie hatten eine Stunde gewartet, aber als wir kamen, waren sie (schon) gegangen.*	They **had been waiting** for an hour when we arrived. *Sie hatten schon eine Stunde gewartet, als wir kamen.*

Einige Verben haben keine *progressive*-Form, da sie keine bestimmte Dauer ausdrücken können. (Vgl. *present progressive*).

Zusammenfassung

- Das *past perfect progressive* wird mit *had + been + present participle* gebildet.
- Es wird ähnlich wie das einfache *past perfect* gebraucht, insbesondere aber, wenn die Dauer einer Handlung hervorgehoben werden soll, die in der Vergangenheit noch nicht abgeschlossen war.

Lern-Video

Simple past

Simple past entspricht im Deutschen dem Präteritum. Es wird dazu verwendet, abgeschlossene Handlungen in der Vergangenheit zu beschreiben.

Bildung

Die Formen für *simple past* sind für alle Personen gleich. Bei den Verben, die die Vergangenheitsformen *(simple past, past participle)* regelmäßig bilden, wird an die Grundform *-ed* angehängt. Achte auf die unregelmäßigen Verben!

We **invited** him to our barbecue last night. | *Wir luden ihn zu unserem Grillfest gestern Abend ein.*

I **found out** the truth about Mark and Sally. | *Ich fand die Wahrheit über Mark und Sally heraus.*

Gebrauch

(1) Man verwendet *simple past* insbesondere für abgeschlossene Handlungen in der Vergangenheit. Folgende Signalwörter zeigen dir dies an:

Signalwörter	Beispiele
yesterday	**Yesterday I missed** "Forbidden Love". *Gestern verpasste ich „Verbotene Liebe".*
two / three ... weeks / years ago	**Two weeks ago I was** at the Shakira concert. *Vor zwei Wochen war ich beim Shakira-Konzert.*
last week / month / year	**I was** much better in Maths **last year.** *Letztes Jahr war ich in Mathe viel besser.*

(2) Auch bei gewohnheitsmäßigen Handlungen, die in der Vergangenheit wiederholt stattfanden, steht *simple past*. Signalwörter wie *always, every Sunday, often, never* etc., die denen im *simple present* entsprechen, helfen dir, dies zu erkennen.

Every Saturday night we **went** to the disco. | *Jeden Samstag Abend gingen wir in die Diskothek.*

(3) *Simple past* verwendet man auch, um abgeschlossene, aufeinanderfolgende Handlungen in der Vergangenheit wiederzugeben. Signalwörter sind *suddenly, then, after that* etc.

Im Deutschen wird hier dagegen häufig – besonders in der Umgangssprache – das Perfekt verwendet!

!

On Saturday we **watched** TV all afternoon. Then aunt Mary **visited** us.	*Am Samstag haben wir den ganzen Nachmittag Fernsehen geschaut. Dann hat uns Tante Mary besucht.*

simple past, present perfect oder *past progressive?*

Sind die Handlungen noch nicht abgeschlossen, dauern also noch an oder haben Auswirkungen auf die Gegenwart, so musst du das *present perfect* benutzen.

simple past	*present perfect*
I played the guitar for ten years, but then I had no time for it anymore. *Ich spielte zehn Jahre lang Gitarre, doch dann hatte ich keine Zeit mehr dafür.*	I have played the guitar for ten years now. *Ich spiele jetzt seit zehn Jahren Gitarre.*

Möchtest du zwei Handlungen in der Vergangenheit beschreiben, von denen eine im Hintergrund weiterläuft, so verwendest du für diese Hintergrundhandlung das *past progressive*. Die neu einsetzende Handlung steht im *simple past*.

past progressive	*simple past*
While Sally was talking on the phone for hours, *Während Sally stundenlang telefonierte,*	her mother got really angry because the phone bill would be high again. *wurde ihre Mutter richtig wütend, da die Telefonrechnung wieder so hoch sein würde.*

Zusammenfassung

- *Simple past* wird entweder mit der Endung *-ed* oder unregelmäßig gebildet. Lerne diese Formen auswendig.
- Signalwörter helfen dir, das *simple past* als Zeit für abgeschlossene Handlungen in der Vergangenheit zu erkennen.

Past progressive

Past progressive ist eine Verlaufsform der Vergangenheit. Diese Zeit hat im Deutschen keine Entsprechung. Sie wird vor allem für Handlungen verwendet, die in der Vergangenheit eine gewisse Dauer besaßen oder im Hintergrund einer neu einsetzenden Handlung weiterliefen.

Bildung

Past progressive wird mit einer Vergangenheitsform von *to be*, also *was* bzw. *were*, + *present participle* (*-ing*-Form) gebildet.

Was Sarah **doing** her homework?	*Machte Sarah gerade ihre Hausaufgaben?*
They **were staying** at the Ayers Rock Hotel.	*Sie wohnten im Ayers Rock Hotel.*

Gebrauch

(1) *Past progressive* verwendet man vor allem dann, wenn in der Vergangenheit zwei Handlungen nebeneinandergestellt werden. Die Verlaufsform der Vergangenheit, *past progressive*, nimmt man für die Handlung, die bereits angefangen hatte und im Hintergrund weiterläuft. Für die neu einsetzende Handlung nimmt man *simple past*.

past progressive (andauernde Hintergrundhandlung)	*simple past* (neu einsetzende Handlung)
While I was listening to a CD,	my mother entered the room.

Signalwörter wie *still* und *while* deuten auf das *past progressive* hin. *When* deutet auf die neu einsetzende Handlung *(simple past)* hin.

Signalwörter	Beispiele
while	While they **were rafting,** Bob fell into the water. *Während sie eine Schlauchboottour machten, fiel Bob ins Wasser.*
still	Mary **was still chatting online** when her brother entered the room and asked her to let him use the computer. *Mary chattete immer noch im Internet, als ihr Bruder hereinkam und sie bat, ihn den Computer benutzen zu lassen.*

(2) Auch zur Betonung einer gewissen Dauer einer Handlung in der Vergangenheit verwendet man *past progressive:*

How many hours **were** you **researching** for your presentation?

Wie viele Stunden hast du für deine Präsentation nach Informationen gesucht?

!

Folgende Verben haben keine *progressive*-Form, da sie keine bestimmte Dauer ausdrücken können. Zu diesen gehören:
- Verben des Wissens und Meinens: *know, understand, think, mean, believe*
- Verben der Sinneswahrnehmung: *hear, see*
- Verben, die Gefühle oder Wünsche ausdrücken: *love, hate, like, want*
- Verben, die Zustände benennen: *be, have, owe, own*

Zusammenfassung

- Das *past progressive* wird mit der Vergangenheitsform von *to be* und dem *present participle* (Grundform des Verbs + *-ing*) gebildet.
- Das *past progressive* braucht man, um in der Vergangenheit zwei Handlungen nebeneinanderstellen zu können.
- Es wird für die bereits begonnene, im Hintergrund weiterlaufende Handlung verwendet.

Present perfect

Present perfect entspricht nur in etwa dem deutschen Perfekt. Im Englischen beschreibt es Handlungen, die in der Vergangenheit begonnen haben und noch andauern oder Auswirkungen auf die Gegenwart haben.

Bildung

Present perfect wird mit einer Form von *to have* + *past participle* (3. Verbform) gebildet. Bei regelmäßigen Verben hat das *past participle* die gleiche Form wie das *simple past* (Grundform + *-ed*), achte aber auf die unregelmäßigen Verben!

James **has broken** his leg. Now he is in hospital.
Robert's parents **have found out** that he is quite bad at school.

James hat sich das Bein gebrochen. Jetzt liegt er im Krankenhaus.
Roberts Eltern haben herausbekommen, dass er ziemlich schlecht in der Schule ist.

Gebrauch

Man benutzt *present perfect* für Handlungen, die irgendwann in der Vergangenheit angefangen haben und noch andauern oder deren Auswirkungen bis in die Gegenwart reichen. Die folgenden Signalwörter weisen auf diese Verwendung hin:

Signalwörter	Beispiele
(not) yet	The President **has not yet made up** his mind what to do about terrorists. *Der Präsident hat sich noch nicht entschieden, was er gegen Terroristen unternehmen will.*
still (not)	Ben **has still not told** Susan that he has got another girlfriend. *Ben hat Susan immer noch nicht gesagt, dass er eine andere Freundin hat.*
until / till now	The police **haven't found** the suspect **till** now. *Die Polizei hat den Verdächtigen bis jetzt nicht gefunden.*
already	The Burtons **have already been** to Australia. *Die Burtons sind schon in Australien gewesen.*
for	Immigrants **have come** to the US **for** centuries. *Seit Jahrhunderten kommen Einwanderer in die USA.*

since	I **have known** him **since** Nora's party. *Ich kenne ihn seit Noras Party.*
never	Tim **has never seen** such a brilliant movie. *Tim hat noch nie einen solch hervorragenden Film gesehen.*

present perfect oder *simple past?*

Present perfect ist die richtige Zeit für Handlungen, die in der Vergangenheit passiert sind, wenn du den Zeitpunkt nicht kennst oder er unwichtig ist. Wird eine konkrete Zeitangabe gemacht, wird das *simple past* verwendet.

present perfect	*simple past*
African Americans **have demonstrated** for their civil rights. *Afroamerikaner demonstrierten für ihre Bürgerrechte.*	In 1963 African Americans **demonstrated** for their civil rights. *1963 demonstrierten die Afroamerikaner für ihre Bürgerrechte.*

Wenn die Handlung abgeschlossen ist, musst du ebenfalls das *simple past* verwenden.

present perfect	*simple past*
Brad **has lived** in Beverly Hills for two years. *Brad lebt seit zwei Jahren in Beverly Hills.*	Brad **lived** in Beverly Hills for two years. Now he lives in Santa Barbara. *Brad lebte zwei Jahre in Beverly Hills. Nun lebt er in Santa Barbara.*

Zusammenfassung

- Das *present perfect* wird mit einer Form von *to have* + *past participle* gebildet.
- Es entspricht nur bedingt dem Perfekt im Deutschen: Im Englischen ist fast immer ein Bezug zur Gegenwart vorhanden.
- Es wird vor allem zur Beschreibung von Handlungen, die in der Vergangenheit begonnen haben und noch andauern, verwendet.

Present perfect progressive

Present perfect progressive hat im Deutschen keine Entsprechung. Es beschreibt Handlungen, die in der Vergangenheit begonnen haben und noch andauern oder Auswirkungen auf die Gegenwart haben. Gegenüber dem einfachen *present perfect* betont das *present perfect progressive* die Dauer einer Handlung.

Bildung

Present perfect progressive wird mit einer Form von *to have* + *been* + *present participle* (= *-ing*-Form) gebildet.

Laura **has been working** on her presentation all day.	*Laura hat den ganzen Tag an ihrer Präsentation gearbeitet.*
Bryan Adams **has been playing** the guitar since his 7th birthday.	*Bryan Adams spielt seit seinem siebten Geburtstag Gitarre.*

Verneinung

Bei der Verneinung wird *not* direkt hinter die Form von *to have* gesetzt:

I **haven't been doing** all this work for nothing.	*Ich habe diese ganze Arbeit doch nicht umsonst gemacht.*

Fragen

Bei Fragen rückt die Form von *to have* an den Satzanfang bzw. steht nach dem Fragewort. Danach folgt das Subjekt + *been* + *present participle.*

"**Haven't you been listening** to me?" the teacher asked.	*„Hast du mir nicht zugehört?", fragte der Lehrer.*
Who **have you been talking to** all that time on the phone?	*Mit wem hast du die ganze Zeit am Telefon gesprochen?*

Gebrauch

Man benutzt *present perfect progressive* für Handlungen, die irgendwann in der Vergangenheit angefangen haben und noch andauern oder deren Auswirkungen bis in die Gegenwart reichen. Dabei wird vor allem die Dauer der Handlung betont. Insbesondere die Signalwörter *for* und *since* weisen auf diese Verwendung hin:

Signalwörter	Beispiele
for	**I have been waiting for** more than one hour. *Ich warte nun schon seit über einer Stunde.*
since	Tom **has been going out** with Kate **since** Christmas. *Tom geht schon seit Weihnachten mit Kate.*

!

Du verwendest ***for*** mit dem *present perfect progressive*, wenn ein **Zeitraum** ausgedrückt werden soll. ***Since*** bezieht sich immer auf einen **Zeitpunkt!**

Da es im Deutschen keine Entsprechung für das *present perfect progressive* gibt, übersetzt man es häufig mit *schon*:

Mike **has been learning** English for five years.	*Mike lernt **schon** seit fünf Jahren Englisch.*

!

Folgende Verben haben keine *progressive*-Form, da sie keine bestimmte Dauer ausdrücken können. Zu diesen gehören:
- Verben des Wissens und Meinens: *know, understand, think, mean, believe*
- Verben der Sinneswahrnehmung: *hear, see*
- Verben, die Gefühle oder Wünsche ausdrücken: *love, hate, like, want*
- Verben, die Zustände benennen: *be, have, owe, own*

Zusammenfassung

- *Present progressive* wird mit einer Form von *to have* + *been* + *present participle* gebildet.
- Es wird ähnlich wie das einfache *present perfect* gebraucht, insbesondere aber, wenn die Dauer einer noch nicht abgeschlossenen Handlung hervorgehoben werden soll.
- Nicht alle Verben haben eine *progressive*-Form!

Simple present

Simple present entspricht im Deutschen dem Präsens. Es wird zur Beschreibung gewohnheitsheitsmäßiger Handlungen in der Gegenwart und zum Ausdruck allgemeingültiger Sachverhalte verwendet.

Bildung

Die *simple present*-Formen für fast alle Personen sehen aus wie der Infinitiv.

Young people **like** extreme sports.	*Junge Menschen mögen Extremsportarten.*
Hip teens **don't wear** blue jeans.	*Trendige Teenager tragen keine Bluejeans.*
"You **look** so beautiful," he whispered.	*„Du bist so schön", flüsterte er.*

! Bei der 3. Person Singular wird im *simple present* ein *-(e)s* angefügt.

Bob promise**s** not to do that again.	*Bob verspricht, es nicht noch einmal zu tun.*
What do**es** he say in his letter?	*Was sagt er in seinem Brief?*

Modalverben

Modale Hilfsverben wie *can, must* und *need* bilden eine Ausnahme von dieser Regel, da sie nur eine einzige Form haben, die für alle Personen gilt. Darüber hinaus kommen diese Formen nur im *simple present* vor. In anderen Zeiten musst du eine Ersatzform nehmen.

You **can't** take him seriously.	*Du kannst ihn nicht ernst nehmen.*
Donna **must** be at home at 9.30.	*Donna muss um 9.30 Uhr zu Hause sein.*

Gebrauch

Man verwendet *simple present* für gewohnheitsmäßige Handlungen, die regelmäßig geschehen. Folgende Signalwörter im Englischen helfen dir, *simple present* als richtige Zeit zu erkennen:

Signalwörter	Beispiele
always, usually, normally	I **usually feel** quite miserable in the minutes before we get the results of our Maths test. *Gewöhnlich fühle ich mich ziemlich elend in den Minuten, bevor wir die Ergebnisse der Mathearbeit bekommen.*
every day / week / month ...	Cindy **watches** "Forbidden Love" **every day.** *Cindy schaut jeden Tag „Verbotene Liebe" an.*
in the morning(s) / evening(s) ...	**In the evenings I am** too tired to do my homework. *Abends bin ich zu müde, um meine Hausaufgaben zu machen.*
often, sometimes	**Sometimes I am** jealous of Mary. *Manchmal bin ich auf Mary eifersüchtig.*
never	**I never win.** *Ich gewinne niemals.*

Simple present steht auch bei aufeinanderfolgenden Handlungen, wie sie in Beschreibungen oder Erzählungen vorkommen. Auch hier gibt es aussagekräftige Signalwörter:

Signalwörter	Beispiele
first, then, after that, soon, at last	**First** we have Maths, **then** there is Mr Montgomery with History. **After that** – I'm afraid – we have today's most boring lesson: English.

Auch allgemeingültige Behauptungen und Sachverhalte lassen sich mit *simple present* erklären:

The earth **is** round.	*Die Erde ist rund.*
The Irish **drink** a lot of Guinness.	*Die Iren trinken viel Guinness.*

Zusammenfassung

- Achte bei den *simple present*-Formen auf das *-(e)s* in der 3. Person Singular.
- Signalwörter helfen dir zu entscheiden, wann das *simple present* die richtige Zeit ist.
- *Simple present* dient zur Beschreibung regelmäßiger und aufeinanderfolgender Handlungen bzw. für die Formulierung allgemeingültiger Behauptungen und Sachverhalte.

Lern-Video

Present progressive

Present progressive ist eine Verlaufsform des Präsens. Diese Zeit hat im Deutschen keine Entsprechung. Sie wird vor allem für Handlungen, die gerade im Moment passieren und zur Zeit des Sprechens noch nicht vorbei sind, verwendet.

Bildung

Present progressive wird mit einer Form von *to be* + *present participle* (*-ing*-Form) gebildet.

The president **is holding** a speech about the immigration policy at the moment.	*Der Präsident hält gerade eine Rede über die Einwanderungspolitik.*
Laura and Naomi **are playing** tennis.	*Laura und Naomi spielen gerade Tennis.*

Da es im Deutschen keine Entsprechung für das *present progressive* gibt, übersetzt man es häufig mit *gerade* oder *in diesem Moment/Augenblick*.

Gebrauch

(1) Du brauchst *present progressive* für Handlungen, die gerade im Moment des Sprechens passieren. An folgenden Signalwörtern kannst du dies erkennen:

Signalwörter	Beispiele
now, at the moment	**I'm leaving now.** See you. *Ich gehe jetzt. Bis bald.*
this morning/ evening	**Are you enjoying this evening?** *Amüsiert ihr euch gut heute Abend?*

(2) Auch bei Bildbeschreibungen wird es verwendet: In Karikaturen, Zeichnungen oder Fotos ist festgehalten, was Personen gerade in dem Moment tun, so dass für die Beschreibung das *present progressive* die richtige Zeit ist:

The boy in the cartoon **is laughing.** The people in the picture **are demonstrating** for civil rights.	*Der Junge in der Karikatur lacht.* *Die Leute auf dem Bild demonstrieren für Bürgerrechte.*

simple present oder *present progressive?*

Während das *simple present* gewohnheitsmäßige, regelmäßige Handlungen in der Gegenwart oder allgemeingültige Sachverhalte beschreibt, wird mit dem *present progressive* eine einmalige Handlung ausgedrückt, die gerade im Moment des Sprechens noch andauert.

simple present	*present progressive*
I play the piano once a day. *Ich spiele einmal am Tag Klavier.*	**I am playing** the piano. *Ich spiele gerade Klavier.*

always + present progressive

Eine Ausnahme bildet die Konstruktion *always + present progressive*. Normalerweise deutet *always* auf das *simple present* hin. Zusammen mit der *progressive*-Form wird es gebraucht, um ein Gefühl von Ärger und Unzufriedenheit auszudrücken.

I am **always telling** you to turn your music down!	*Andauernd sage ich dir, dass du deine Musik leiser machen sollst!*
You're **always asking** for more pocket money.	*Dauernd fragst du nach mehr Taschengeld.*

!

Folgende Verben haben keine *progressive*-Form, da sie keine bestimmte Dauer ausdrücken können. Zu diesen gehören:

- Verben des Wissens und Meinens: *know, understand, think, mean, believe*
- Verben der Sinneswahrnehmung: *hear, see*
- Verben, die Gefühle oder Wünsche ausdrücken: *love, hate, like, want*
- Verben, die Zustände benennen: *be, have, owe, own*

Zusammenfassung

- Im Gegensatz zum *simple present* drückt man mit dem *present progressive* einmalige Handlungen aus. Diese finden zum Zeitpunkt des Sprechens statt und dauern noch an.
- Bei Bildbeschreibungen musst du ebenfalls das *present progressive* verwenden.
- Längst nicht alle Verben haben eine *progressive*-Form.

Lern-Video

Going to-future

Going to-future ist eine von mehreren Möglichkeiten im Englischen, zukünftige Handlungen auszudrücken. Es wird für Absichten und Pläne in naher Zukunft verwendet, während andere Bildungsmöglichkeiten *(will-future, simple present, present progressive)* in anderen Zusammenhängen benutzt werden. Die deutsche Sprache kennt eine solche Unterscheidung nicht.

Bildung

Diese Form des Futurs wird mit einer Form von *to be going to* und der Grundform des Verbs gebildet. Während die Form von *to be* konjugiert wird und die jeweilige Person anzeigt, bleiben *going to* und der Infinitiv unverändert.

Madonna **is going to** give a concert in Berlin.	*Madonna beabsichtigt, ein Konzert in Berlin zu geben.*
They **are going to** spend their holidays in Spain.	*Sie haben vor, ihre Ferien in Spanien zu verbringen.*

Das *going to-future* und das *present progressive* von *to go* sehen zum Verwechseln ähnlich aus. Darüber hinaus kann auch das *present progressive* einen Plan mit zukünftiger Bedeutung ausdrücken. Es muss jedoch eine eindeutige Zeitangabe bei sich haben, um in die Zukunft zu weisen:

going to-future	*present progressive*
They **are going to go** to the cinema. *Sie haben vor, ins Kino zu gehen.*	They **are going** to the cinema this evening. *Sie gehen heute Abend ins Kino.*

Verneinung

Bei der Verneinung wird *not* zwischen *to be* und *going to* gesetzt:

She **is not going to** stay at home all evening.	*Sie hat nicht vor, den ganzen Abend zu Hause zu bleiben.*

Fragen

Bei Fragen wird die Form von *to be* an den Satzanfang gestellt bzw. steht hinter dem Fragewort. Darauf folgen das Subjekt und die restlichen Bestandteile des *going to-future:*

Are they **going to** meet him at the airport?	*Haben sie vor, ihn am Flughafen zu treffen?*
What **are** you **going to** do?	*Was hast du vor?*

Gebrauch

Going to-future verwendet man,

(1) um zukünftige Pläne oder Absichten auszudrücken. Im Deutschen wird dies häufig mit *ich habe vor, er beabsichtigt, sie wollen* wiedergegeben:

Sally **is going to** do her homework after lunch.	*Sally hat vor, ihre Hausaufgaben nach dem Mittagessen zu erledigen.*

(2) um Situationen oder Ereignisse zu beschreiben, die in naher Zukunft eintreten werden. Dies gilt besonders, wenn im Moment des Sprechens bereits Anzeichen dafür gegeben sind:

Look at the clouds. It**'s going to** rain soon.	*Schau dir die Wolken an! Es wird bald regnen.*

Zusammenfassung

- *Going to-future* wird mit einer Form von *to be going to* und dem Infinitiv gebildet.
- Es drückt Pläne und Absichten für die Zukunft aus.
- Dies muss im Deutschen durch Verben wie *beabsichtigen* oder *vorhaben* wiedergegeben werden, da die deutsche Sprache eine Zeit wie das *going to-future* nicht kennt.

Will-future

Will-future drückt zukünftige Handlungen oder Ereignisse aus. Es wird auch für Vorhersagen, Vermutungen, Erwartungen und Hoffnungen verwendet.

Bildung

Beim *will-future* gibt es nur eine Form für alle Personen. Diese setzt sich aus *will* und der Grundform des Vollverbs zusammen:

I hope he**'ll come.** Mike and Kim **will be married** in fifteen years.	*Ich hoffe, dass er kommen wird.* *Mike und Kim werden in 15 Jahren verheiratet sein.*

Verneinung

Bei der Verneinung wird *not* zwischen *will* und das Vollverb gesetzt. Die Kurzform für *will not* lautet *won't*:

Sarah **won't come** tomorrow; she is in hospital.	*Sarah wird morgen nicht kommen; sie liegt im Krankenhaus.*

Fragen

Bei der Bildung von neutralen Entscheidungsfragen rückt *will* an die Satzspitze. Bei Ergänzungsfragen steht *will* direkt hinter dem Fragewort. Darauf folgt das Subjekt und die Grundform des Verbs:

Will the Indians move to the reservation? Who **will be** his friend after that?	*Werden die Indianer in das Reservat ziehen?* *Wer wird nach dem (was vorgefallen ist) noch sein Freund sein?*

Möchtest du mit der Frage gleichzeitig ein Angebot, eine Aufforderung oder eine höfliche Bitte ausdrücken, kannst du das modale Hilfsverb *shall* für die Fragen verwenden. Dies gilt jedoch nur für 1. Person Singular (*I*) und Plural (*we*):

Shall I **give** the books back?	*Soll ich die Bücher zurückgeben?*

Gebrauch

Man verwendet *will-future*

(1) für zukünftige Ereignisse, die nicht von Plänen, Absichten oder Entscheidungen abhängen:

Next June Mary **will be** 14. | *Nächsten Juni wird Mary 14 (Jahre alt).*

(2) für Vermutungen über die Zukunft oder Erwartungen. Folgende einleitende Verben kommen in diesem Zusammenhang als Signalwörter häufig vor:

Signalwörter	Beispiel
hope	I **hope** they **will not be disappointed.** *Ich hoffe, dass sie nicht enttäuscht sein werden.*
expect, to be sure	Tom's parents **expect** he **will be** good at English. *Toms Eltern erwarten, dass er gut in Englisch sein wird.*
think, believe	We **believe** she **will be** a good teacher. *Wir glauben, dass sie eine gute Lehrerin sein wird.*

(3) bei spontanen Entscheidungen:

We've got no salt? I'**ll be** back in a minute. | *Wir haben kein Salz? Ich bin gleich zurück.*

(4) in Bedingungssätzen (*if-clause* Typ I). In diesen Satzgefügen steht der *if*-Satz im *simple present*, während im Hauptsatz das *will-future* verwendet wird:

If it rains, we'**ll go** home. | *Falls es regnet, gehen wir nach Hause.*

Zusammenfassung

- *Will-future* wird aus *will* und dem Infinitiv gebildet.
- Während *going to-future* Pläne und Absichten ausdrückt, wird *will-future* sowohl bei neutralen Beschreibungen der Zukunft als auch bei Vermutungen und Erwartungen hinsichtlich der Zukunft verwendet. Darüber hinaus kommt es in bestimmten Bedingungssätzen (Typ I) vor.

Conditional

Conditional hat im Deutschen keine Entsprechung. Diese englische Zeitform ist vielleicht noch am ehesten mit dem Konjunktiv zu vergleichen.

Bildung

Beim *conditional* gibt es nur eine Form für alle Personen. Diese setzt sich aus *would* und der Grundform des Vollverbs zusammen. Statt *would* können aber auch *could*, *should* oder *might* verwendet werden.

My parents **would laugh** about us.	*Meine Eltern würden über uns lachen.*
The talkshow host **shouldn't ask** such stupid questions.	*Der Talkmaster sollte nicht so dumme Fragen stellen.*
He **might be** in a traffic jam.	*Er könnte in einem Verkehrsstau stecken.*

! Die Kurzform von *would* kann leicht mit der Kurzform von *had* verwechselt werden. Beide Hilfsverben werden durch *'d* (z. B. *I'd*, *she'd*) abgekürzt.

Verneinung

Bei der Verneinung wird *not* zwischen *would*, *should* etc. und das Vollverb gesetzt:

I **would not change** my name if I got married.	*Ich würde meinen Namen nicht ändern, wenn ich heirate.*

Fragen

Bei Fragen rückt *would* an die Satzspitze bzw. direkt hinter das Fragewort. Darauf folgt das Subjekt und die Grundform des Verbs:

Would you like to eat with chopsticks?	*Möchtest du mit Stäbchen essen?*
Why **should she do** that?	*Warum sollte sie so etwas tun?*

Gebrauch

Man verwendet das *conditional,*

(1) um Wünsche oder Empfehlungen auszudrücken:

I **would take** an umbrella. It looks as if it is going to rain soon.	*Ich würde einen Schirm mitnehmen. Es sieht so aus, als ob es bald regnen würde.*

Im Deutschen wird *would* in der Regel mit *würde* übersetzt. Stilistisch besser ist es, wenn du *would* in der Konjunktivform des Verbs wiedergibst.

If I were you, I **would go** home now.	*Wenn ich du wäre, ginge ich (statt: würde ich gehen) jetzt nach Hause.*

(2) in der indirekten Rede: Steht die direkte Rede im *will-future,* so muss diese bei der Verschiebung der Zeiten *(backshift of tenses)* ins *conditional* übertragen werden.

direkte Rede *(will-future)*	indirekte Rede *(conditional)*
Mr O'Neill told John: "You **will not go** to that party!" *Mr O'Neill sagte zu John: „Du wirst nicht zu der Party gehen!"*	Mr O'Neill told John that he **would not go** to that party. *Mr O'Neill sagte zu John, dass er nicht zu der Party gehen dürfe.*

(3) in Bedingungssätzen (*if-clause* Typ II): Steht der *if*-Satz im *simple past,* muss im Hauptsatz das *conditional* verwendet werden.

If I wrote an A in the next Maths test, I **would have** a better average than you.	*Wenn ich in der nächsten Mathearbeit eine 1 schriebe, hätte ich einen besseren Durchschnitt als du.*

Zusammenfassung

- Das *conditional* wird mit *would* und dem Infinitiv des Verbs gebildet.
- Du brauchst das *condtional* bei Empfehlungen, in bestimmten Bedingungssätzen (Typ II) und bei der Wiedergabe der indirekten Rede.
- Im Deutschen wird es in der Regel als Konjunktiv ausgedrückt.

Conditional perfect

Conditional perfect drückt aus, was gewesen sein könnte. Die Zeit hat im Deutschen keine Entsprechung und wird wie das einfache *conditional* mit dem Konjunktiv wiedergeben.

Bildung

Beim *conditional perfect* gibt es nur eine Form für alle Personen. Diese setzt sich aus *would* + *have* + *past participle* des Vollverbs zusammen. Achte dabei auf die unregelmäßigen Verben! Statt *would* können aber auch *could, should* oder *might* verwendet werden.

I'**d have taken** the bus. Dave **might have kissed** Naomi, but then Sarah entered the room.	*Ich hätte den Bus genommen.* *Dave hätte Naomi vielleicht geküsst, aber dann betrat Sarah den Raum.*

! Die Kurzform von *would* kann leicht mit der Kurzform von *had* verwechselt werden. Beide Hilfsverben werden durch *'d* (*you'd, we'd*) abgekürzt.

Verneinung

Bei der Verneinung setzt man *not* zwischen *would, should* etc. und *have.*

The Americans **should not have invaded** the country. My parents **would not have allowed** me to go on holiday with my boyfriend.	*Die Amerikaner hätten nicht in das Land einmarschieren sollen.* *Meine Eltern hätten mir nicht erlaubt, mit meinem Freund in den Urlaub zu fahren.*

Fragen

Bei Fragen rückt *would* an die Satzspitze bzw. direkt hinter das Fragewort. Darauf folgt das Subjekt + *have* + *past participle.*

Would you have enjoyed your holidays if Mike had been there? What **would she have liked** more for Christmas?	*Hättest du deine Ferien genossen, wenn Mike da gewesen wäre?* *Was hätte sie zu Weihnachten lieber gemocht?*

Gebrauch

Man verwendet das *conditional perfect:*

(1) für etwas, das gewesen sein könnte. Im Deutschen wird *would have* in der Regel mit *hätte* übersetzt.

He **would have decided** the other way.	*Er hätte sich für den anderen Weg entschieden.*
Sam **might have been** dead now!	*Sam hätte jetzt tot sein können!*

(2) in Bedingungssätzen (*if-clause* Typ III): Steht der *if*-Satz im *past perfect,* muss im Hauptsatz das *conditional perfect* verwendet werden. Die Bedingungen in diesen Sätzen sind nicht mehr erfüllbar, so dass der Hauptsatz lediglich ein Wunschdenken ausdrückt.

If the sun had been shining, we **would have made** a boat trip.	*Wenn die Sonne geschienen hätte, hätten wir eine Bootsfahrt gemacht.*
If Italy had not scored in the last minute of the match, perhaps Germany **would have become** world champion.	*Wenn Italien nicht in der letzten Minute ein Tor geschossen hätte, wäre Deutschland vielleicht Weltmeister geworden.*

Zusammenfassung

- *Conditional perfect* wird mit *would + have + past participle* gebildet.
- Du brauchst *conditional perfect* in bestimmten Bedingungssätzen (Typ III) und um auszudrücken, was gewesen sein könnte.
- Im Deutschen wird die Zeit in der Regel als Konjunktiv mit *hätte* wiedergegeben.

Die Zeiten im Passiv

Passivsätze stellen eine Handlung aus einer anderen Sicht dar. Während in Aktivsätzen betont wird, wer etwas macht, steht bei Passivsätzen die Handlung selbst im Mittelpunkt. Du benutzt Passivsätze, wenn du

- betonen möchtest, was passiert ist oder
- wenn es unwichtig ist bzw. du nicht genau weißt, wer etwas getan hat.

Passivzeiten werden mit einer Form von *to be* und dem *past participle* (3. Verbform) gebildet. Die Form von *to be* zeigt dabei die Zeit an. Passivformen können nur mit transitiven Verben (= Verben, die ein Objekt haben) gebildet werden.

simple present	
Aktiv	**Passiv (is / are + *past participle*)**
People destroy the environment. *Die Menschen zerstören die Umwelt.*	The environment **is destroyed.** *Die Umwelt wird zerstört.*
simple past	
Aktiv	**Passiv (was / were + *past participle*)**
They invented the first computer in Germany. *Sie erfanden den ersten Computer in Deutschland.*	The first computer **was invented** in Germany. *Der erste Computer wurde in Deutschland erfunden.*
present perfect	
Aktiv	**Passiv (has / have been + *past participle*)**
An ambulance has taken mum to hospital. *Ein Krankenwagen hat Mama ins Krankenhaus gebracht.*	Mum **has been taken** to hospital. *Mama ist ins Krankenhaus gebracht worden.*
past perfect	
Aktiv	**Passiv (had been + *past participle*)**
They had rented a car. *Sie hatten ein Auto gemietet.*	The car **had been rented.** *Das Auto war gemietet worden.*

will-future	
Aktiv	**Passiv (will be + *past participle*)**
A lot of people will read the new Harry Potter. *Viele Leute werden den neuen Harry Potter lesen.*	The new Harry Potter **will be read.** *Der neue Harry Potter wird gelesen werden.*
going to-future	
Aktiv	**Passiv (is / are going to be + *past participle*)**
Someone is going to tell you later. *Irgendjemand wird es dir später erzählen.*	You **are going to be told** later. *Man wird es dir später erzählen.*

Verlaufsformen im Passiv

Auch Zeiten in Verlaufsform können im Passiv stehen. Allerdings werden nur Formen im *present progressive* und im *past progressive* verwendet.
Die Verlaufsformen im Passiv werden mit einer Form von *to be* + *being* + *past participle* gebildet. Die Form von *to be* zeigt die jeweilige Zeit an.

present progressive	
Aktiv	**Passiv (is / are + being + *past participle*)**
They are interviewing the president now. *Sie befragen gerade den Präsidenten.*	The president **is being interviewed** now. *Der Präsident wird gerade befragt.*
past progressive	
Aktiv	**Passiv (was / were + being + *past participle*)**
She was writing the text all day long. *Sie schrieb den ganzen Tag an dem Text.*	The text **was being written** all day long. *Den ganzen Tag wurde an dem Text geschrieben.*

Zusammenfassung

- Passivsätze werden verwendet, wenn du die Handlung betonen möchtest. Sie werden mit einer Form von *to be* und dem past *participle gebildet.*
- Verlaufsformen gibt es nur im *present progressive* und *past progressive.*
- Das Verlaufspassiv wird durch *being* angezeigt.

By-agent

Selbst wenn in Passivsätzen vor allem die Handlung als solche betont wird, kann es Fälle geben, in denen du ausdrücken möchtest, wer etwas getan hat. Hierbei hilft dir der *by-agent*.

Gegenüber einem Aktivsatz sind im Passiv Subjekt und Objekt vertauscht. Das Objekt des Aktivsatzes wird zum Subjekt. Das Subjekt des Aktivsatzes wird zum *by-agent*. Es steht am Ende des Satzes.

Aktivsatz	Subjekt	Verb	Objekt
	James Watt *James Watt*	invented *erfand*	the steam engine. *die Dampfmaschine.*
Passivsatz	The steam engine *Die Dampfmaschine*	was invented *wurde erfunden*	by James Watt. *von James Watt.*
	Subjekt	Verb	*by-agent*

The museum will be built **by** the famous architect Sterling. | *Das Museum wird durch den berühmten Architekten Sterling gebaut werden.*

The song "Yesterday" was written **by** Paul McCartney. | *Das Lied „Yesterday" wurde von Paul McCartney geschrieben.*

By-agents sind nur wichtig, wenn der Verursacher eine bestimmte Person ist. Nicht namentliche Ausdrücke wie *someone*, *people* oder Pronomen sind als *by-agents* unüblich.

Infinitiv des Passivs nach Modalverben

Nach Modalverben wird das Passiv mit der Kombination ***be + past participle*** gebildet. *Be* erscheint als Infinitiv ohne *to*.

Tickets **mustn't be sold** to other people. | *Eintrittskarten dürfen nicht an andere Leute verkauft werden.*

The fire **cannot be stopped** by the fire brigade. | *Das Feuer kann durch die Feuerwehr nicht gelöscht werden.*

7./8. Klasse

Das Passiv bei Verben mit zwei Objekten

Bei Verben mit zwei Objekten gibt es zwei Möglichkeiten, einen Passivsatz zu bilden. Du kannst das indirekte oder das direkte Objekt zum Subjekt des Passivsatzes machen.

Lern-Video

Indirektes Objekt als Subjekt des Passivsatzes

	Subjekt	Prädikat	indirektes Objekt	direktes Objekt
Aktivsatz	John	gave	Mary	a kiss.
Passivsatz	Mary	was given		a kiss.

Direktes Objekt als Subjekt des Passivsatzes

Soll das direkte Objekt zum Subjekt werden, so muss das indirekte Objekt mit *to* eingeleitet werden.

	Subjekt	Prädikat	indirektes Objekt	direktes Objekt
Aktivsatz	Sue	has sent	Mike	a postcard.
Passivsatz	A postcard	has been sent	to Mike.	

Neben *give* und *send* haben *ask, promise, show* und *tell* zwei Objekte:

Aktivsatz	möglicher Passivsatz
The parents of 7a had asked the teacher nasty questions.	The teacher had been asked nasty questions by the parents of 7a. (*Dem Lehrer wurden von … Fragen gestellt.*)
His parents promised Dave a mountain bike.	A mountain bike was promised to Dave. (*Dave wurde ein … versprochen.*)
She is showing the guests the house.	The guests are being shown the house. (*Das Haus wird gerade den Gästen gezeigt.*)

Zusammenfassung

- Der *by-agent* kann in Passivsätzen den Verursacher einer Handlung benennen. Es steht stets am Ende des Satzes.
- Bei Verben mit zwei Objekten kann sowohl das indirekte als auch das direkte Objekt zum Subjekt des Passivsatzes werden.

Lern-Video

Infinitiv mit to

Infinitive erkennst du in der Regel daran, dass sie mit *to* eingeleitet werden. Sie stehen nach bestimmten Verben, Adjektiven, Fragepronomen bzw. anstelle von Relativsätzen.

Infinitiv nach Verben des Bitten und Wollens

Nach folgenden Verben steht ein Objekt und der Infinitiv mit *to*:
advise, allow, ask, encourage, expect, force, help, invite, recommend, remind, teach, tell, want, warn.
Sie alle drücken eine Bitte, eine Aufforderung oder einen Rat aus. Im Deutschen wird der Infinitiv entweder mit *zu* oder einem Nebensatz (…, dass) wiedergegeben.

Verb	Verb + Objekt + *to* + Infinitiv
to advise	The immigration officer **advised the Italian woman to see** a doctor. *Der Einwanderungsbeamte empfahl der italienischen Frau, einen Arzt aufzusuchen.*
to ask	Dave **asked me to come** to his party on Saturday. *Dave fragte mich, ob ich zu seiner Party am Samstag kommen wollte.*
to expect	Sarah's parents **expect her to be good** at English. *Sarahs Eltern erwarten, dass sie gut in Englisch ist.*
to remind	Kim **reminded her boyfriend not to forget** their date. *Kim erinnerte ihren Freund daran, ihre Verabredung nicht zu vergessen.*
to want	The teacher **wants Mike to work** harder. *Der Lehrer möchte, dass Mike mehr arbeitet.*
to warn	I had **warned him not to go out** during that thunderstorm. *Ich hatte ihn gewarnt, während des Gewitters nicht hinauszugehen.*

Infinitiv nach Verben, die Gefühle ausdrücken

Zu diesen Verben gehören z. B. *love, hate* und *would like.*

I **hate to** get up early in the mornings. | *Ich mag nicht früh aufstehen.*

I **would like** to go to the concert next Saturday. | *Ich würde nächsten Samstag gern auf das Konzert gehen.*

Infinitiv nach bestimmten anderen Verben

Bestimmte Verben können ebenfalls den Infinitiv mit *to* nach sich ziehen. Diese musst du einfach auswendig lernen: *afford, agree, arrange, choose, decide, forget, hope, learn, manage, offer, plan, promise, refuse, seem, try.*

Verb	Verb + *to* + Infinitiv
to afford	I can't **afford to buy** that pair of jeans. *Ich kann es mir nicht leisten, die Jeans zu kaufen.*
to choose	Mary **chose to forget** what he had done to her. *Mary entschied sich dafür, zu vergessen, was er ihr angetan hatte.*
to decide	Harry has **decided to take part** in the experiment. *Harry hat sich entschlossen, an dem Experiment teilzunehmen.*
to plan	They **plan to go** to New York in their summer holidays. *Sie planen, in ihren Sommerferien nach New York zu fahren.*
to promise	Mark had **promised to continue.** *Mark hatte versprochen, weiterzumachen.*

Infinitiv nach Adjektiven

Nicht nur nach Verben, sondern auch nach Adjektiven und anderen bestimmten Ausdrücken kann der Infinitiv mit *to* stehen.

It's **hard to forgive** him. — *Es ist schwer, ihm zu vergeben.*
Dave found it **difficult to know** what was right. — *Dave fand es schwierig, zu wissen, was richtig war.*

Infinitiv nach *for* + Substantiv

It will be enough **for the small children to know** that story. — *Es wird ausreichen, dass die kleinen Kinder diese Geschichte kennen.*

Zusammenfassung

- Der Infinitiv mit *to* steht nach Verben, die eine Bitte, eine Aufforderung, einen Rat oder Gefühle ausdrücken.
- Darüber hinaus kann er Adjektiven oder einer Kombination mit *for* folgen.
- Im Deutschen wird der Infinitiv entweder mit *zu* oder mit einem Nebensatz, der mit der Konjunktion *dass* eingeleitet wird, wiedergegeben.

Infinitiv mit to anstelle von Nebensätzen

In bestimmten Konstruktionen ist es möglich, einen Infinitiv anstelle eines Nebensatzes mit einem Fragewort oder Relativpronomen zu verwenden.

Infinitiv nach Fragewort

Nach Fragewörtern wie *when*, *where*, *what* und *how* steht nicht unbedingt ein ausformulierter Nebensatz, sondern der Infinitiv mit *to*.

Nebensatz	Fragewort + Infinitiv mit *to*
Naomi asked me **what she should** do.	Naomi asked me **what to do.** *Naomi fragte mich, was sie tun sollte.*
Harry told them **where they could find** the department store.	Harrry told them **where to find** the department store. *Harry sagte ihnen, wo sie das Kaufhaus finden könnten.*
I explained to him **how he could get** to the Statue of Liberty.	I explained to him **how to get** to the Statue of Liberty. *Ich erklärte ihm, wie er zur Freiheitsstatue kommen könnte.*
Mrs McPherson informs the students **when they should** use a dictionary.	Mrs McPherson informs the students **when to use** a dictionary. *Mrs McPherson informiert die Schüler, wann sie ein Lexikon benutzen sollen.*

In diesen Konstruktionen steht der Infinitiv häufig anstelle eines Satzes mit einem Modalverb (*can*, *should* etc.), so dass der Infinitiv vielfach am besten mit *können* oder *sollen* übersetzt wird.

Infinitiv anstelle eines Relativsatzes

Nach einem Substantiv, das als Bezugswort für einen Relativsatz verwendet wird, entfallen die Relativpronomen *who(m)*, *which* bzw. *that*. Auch in diesen Fällen ersetzt der Infinitiv häufig einen Satz mit einem Hilfsverb.

Relativsatz	Substantiv + Infinitiv mit *to*
This is the **tube which will take** us to Piccadilly Circus.	This is the **tube to take** us to Piccadilly Circus.
Your history teacher is the **expert whom you should ask** about that.	Your history teacher is the **expert to ask** about that.

Ähnlich verhält es sich bei Konstruktionen mit Superlativen (z. B. *the first*, *the last*, *the best*), auf die ein Relativsatz folgen könnte. Auch hier wird häufig ein Infinitiv gebraucht.

Relativsatz	Superlativ + Infinitiv mit *to*
He was the **last who left** the sinking ship.	He was the **last to leave** the sinking ship.
Bob was the **first who complained** about the exam.	Bob was the **first to complain** about the exam.

Infinitiv anstelle eines Satzes mit *because*

Der Infinitiv mit *to* kann auch eine Absicht oder einen Zweck ausdrücken. In diesen Fällen steht er anstelle eines längeren Nebensatzes mit *because*.

Nebensatz mit *because*	Infinitiv mit *to*
They stopped working **because they wanted to watch** the news.	The stopped working **to watch** the news. *Sie hörten mit der Arbeit auf, um die Nachrichten anzuschauen.*

Zusammenfassung

- Vielfach wird im modernen Englisch der Infinitiv mit *to* anstelle eines längeren Nebensatzes verwendet. Dabei ersetzt er häufig ein Relativpronomen und ein Modalverb.
- Der Infinitiv kann auch anstelle eines Satzes mit *because* stehen.

Infinitiv ohne to

Nach *let* und *make*, Modalverben bzw. Verben der Wahrnehmung wird der Infinitiv ohne *to* verwendet. Er ist als Infinitiv nur daran zu erkennen, dass seine Form unveränderbar ist.

let und *make*

Das deutsche Wort *lassen* hat zwei unterschiedliche Bedeutungen. Es kann sowohl *zulassen* als auch *veranlassen* ausdrücken. Im Englischen wird dies durch zwei verschiedene Worte gelöst:

The police **let** me go.
*Die Polizei **ließ** mich gehen.*

The police **made** me go.
*Die Polizei **brachte mich dazu,** zu gehen.*

Let bedeutet *zulassen* bzw. *jemandem erlauben, etwas zu tun*:

let	Objekt	Infinitiv ohne *to*
My parents let *Meine Eltern ließen* My sister let *Meine Schwester erlaubte*	me *mich* me *mir*	stay up till midnight. *bis Mitternacht aufbleiben.* wear her jeans. *ihre Jeans zu tragen.*

Make bedeutet *jemanden veranlassen* bzw. *dazu bringen, etwas zu tun*:

make	direktes Objekt	Infinitiv ohne *to*
The teacher made *Der Lehrer brachte* The bank robber made *Der Bankräuber zwang*	us *uns* the clerk *den Angestellten,*	learn vocabulary. *dazu, Vokabeln zu lernen.* give him the money. *ihm das Geld zu geben.*

Infinitiv nach Modalverben

Nach den Modalverben (z. B. *can, must, should, will, would*) steht der Infinitiv ohne *to*:

You **must wait** outside.	*Du musst draußen warten.*
Sue **should practice** harder.	*Sue sollte mehr üben.*

Infinitiv nach Verben der Wahrnehmung

Im Gegensatz zu vielen anderen Verben steht nach Verben der Wahrnehmung (z. B. *to feel, to hear, to notice, to see, to watch*) die Konstruktion Objekt + Infinitiv ohne *to*:

I **saw him come.**	*Ich sah ihn kommen.*
Have you **heard her scream?**	*Hast du gehört, wie sie schrie?*
We **watched the pupils complain.**	*Wir beobachteten, wie sich die Schüler beschwerten.*

Zusammenfassung

- *Let* + direktes Objekt + Infinitiv bedeutet *zulassen* bzw. *jemandem erlauben, etwas zu tun.*
- *Make* + direktes Objekt + Infinitiv bedeutet jemanden *veranlassen* bzw. *dazu bringen, etwas zu tun.*
- Auch nach Verben der Wahrnehmung und Modalverben steht der Infinitiv ohne *to*.

Gerund

Gerund (Gerundium) ist ein substantiviertes Verb. Das heißt, es ist eine Verbform, die viele Eigenschaften eines Substantivs aufweist. So kann das *gerund* sowohl als Subjekt als auch Objekt eines Satzes verwendet werden.

Du bildest die Aktivform des *gerund* mit dem Infinitiv + *-ing*. Die Passivform setzt sich aus *being* + *past participle* zusammen:

Aktivform	I hate **learning** French. *Ich hasse es, Französisch zu lernen.*
Passivform	I can't stand **being told** lies. *Ich kann es nicht vertragen, wenn man mich anlügt.*

! Verwechslungsgefahr! Das *gerund* sieht genauso aus wie das *present participle* (Infinitiv + *-ing*), wird aber völlig anders verwendet:

gerund	**anstelle eines Substantivs:**	I saw the **arriving** of the immigrants. *Ich sah die Ankunft der Einwanderer.*
present participle	**anstelle eines Relativsatzes:**	I saw the immigrants **arriving** at Ellis Island. *Ich sah die Einwanderer, die auf Ellis Island ankamen.*
	als Attribut:	He couldn't forget the **fascinating** girl. *Er konnte das faszinierende Mädchen nicht vergessen.*
	als prädikative Ergänzung (Prädikatsnomen):	History is **interesting.** *Geschichte ist interessant.*

Gerund als Subjekt

Genauer betrachtet kann das *gerund* auch die Aufgaben von Substantiven im Satz übernehmen. Es kann einerseits als Subjekt eines Satzes alleine stehen, andererseits kann es aber auch eine Ergänzung haben (z. B. mit einem Objekt oder einer adverbialen Bestimmung).

Mountain biking is fun.	*Mountainbikefahren macht Spaß.*
Doing housework can be boring.	*Hausarbeit kann langweilig sein.*
Travelling to London is very expensive.	*Nach London zu reisen, ist sehr teuer.*

Gerund als Objekt

Ähnliches gilt, wenn das *gerund* als Objekt verwendet wird.

Mike prefers **surfing** to **swimming.**	*Mike surft lieber, als dass er schwimmt.*
Most girls like **riding a horse.**	*Die meisten Mädchen reiten gern.*
I don't mind **staying at home** this evening.	*Ich habe nichts dagegen, heute Abend zu Hause zu bleiben.*

Übersetzungsmöglichkeiten

Da das *gerund* Eigenschaften sowohl eines Verbs als auch eines Substantivs hat, kann es auf verschiedene Weisen übersetzt werden. Möchtest du es als Verb in einen deutschen Satz einsetzen, brauchst du in der Regel einen Infinitiv + *zu*.

gerund:

The Mexicans are tired of **living** under miserable conditions.

als Substantiv:

Die Mexikaner haben ***das Leben*** *in elenden Verhältnissen satt.*

als Verb:

Die Mexikaner haben es satt, in ärmlichen Verhältnissen ***zu leben.***

Zusammenfassung

- Das *gerund* hat die Form eines Verbs (Infinitiv + *-ing*), wird jedoch wie ein Substantiv verwendet. Aufgrund dieser Mischung besitzt es Eigenschaften von beiden Wortarten und kann deshalb sowohl als Verb als auch als Substantiv übersetzt werden.
- Verwechsle es nicht mit dem gleich aussehenden *present participle!*

Gerund nach Präpositionen

Auf Substantive, Verben und Adjektive mit bestimmten Präpositionen folgt häufig das *gerund*. Die einzelnen Präpositionen, die zu den Begriffen gehören, musst du auswendig lernen.

Substantiv + Präposition + *gerund*

Nach bestimmten Substantiven + Präposition steht das *gerund:*

alternative to chance of danger of	difficulty in doubt about experience in	interest in reason for risk of

There is no **reason for being** happy.	*Es gibt keinen Grund, glücklich zu sein.*
Dave has no **difficulty in learning** languages.	*Dave fällt es leicht, Sprachen zu lernen.*
I would take any **chance of calling** him as soon als possible.	*Ich würde jede Chance nutzen, ihn sobald wie möglich anzurufen.*

be + Adjektiv + Präposition + *gerund*

Nach einer Reihe von feststehenden Wendungen mit einem Adjektiv folgt ebenfalls *gerund:*

to be afraid of to be ashamed of to be crazy about to be famous for	to be fond of to be good / bad at to be interested in to be keen on	to be sorry for to be tired / sick of to be worried about

James **is fond of skiing.**	*James fährt gern Ski.*
Mr O'Brian **is good at teaching** English.	*Mr O'Brian kann gut Englisch unterrichten.*
Dad, I**'m sorry for causing** you any trouble.	*Papa, es tut mir leid, dass ich dir Probleme bereite.*
Shut up! I**'m sick of having** to remind you of your homework every day.	*Sei still! Ich bin es leid, dich jeden Tag an deine Hausaufgaben erinnern zu müssen.*

Verben + Präposition + *gerund*

Nicht zuletzt steht das *gerund* auch nach vielen Verben mit Präposition:

to carry on	to go on	to succeed in
to dream of	to keep on	to talk about
to give up	to look forward to	to think of

They **carried on moving** west.	*Sie zogen weiter nach Westen.*
Sam **gave up learning** vocabulary.	*Sam gab es auf, Vokabeln zu lernen.*
The fire brigade **kept on looking** for the lost cat.	*Die Feuerwehr suchte weiter nach der verlorenen Katze.*
Mr Mason **was looking forward to going** to Spain.	*Mr Mason freute sich darauf, nach Spanien zu gehen.*
Joanna **succeeded in being loved** by everyone.	*Joanna gelang es, von jedem gemocht zu werden.*
Have you ever **thought of becoming** a TV star?	*Hast du schon einmal daran gedacht, ein Fernsehstar zu werden?*

Adverbiale Bestimmung nach Präpositionen

In bestimmten sprachlichen Wendungen wie z. B. *instead of* oder *in spite of* kann das *gerund* als eine adverbiale Bestimmung gebraucht werden. Im Deutschen steht hierfür meist ein Nebensatz mit einer entsprechenden Konjunktion:

Instead of leaving as soon as possible, Mark slept till 10 o'clock.	*Anstatt so früh wie möglich aufzubrechen, schlief Mark bis 10 Uhr.*
In spite of working hard before the exam, I only got a D.	*Obwohl ich vor dem Examen hart gearbeitet hatte, bekam ich nur eine Vier.*

Nach *in order to* und den Ersatzformen der Modalverben (z. B. *to be allowed to*) steht der Infinitiv, nicht das *gerund!* !

Zusammenfassung

Wie richtige Substantive stehen auch *gerunds* in vielen Wendungen aus Adjektiven oder Substantiven mit einer Präposition. Du musst sie auswendig lernen.

Gerund nach bestimmten Verben

Gerunds können auch nach bestimmten Verben stehen, ohne dass diese eine Präposition bei sich haben.

Gerund nach Verben der Vorliebe oder Abneigung

Nach folgenden Verben steht häufig das *gerund*:

to dislike to enjoy to hate	to like to love can't stand

Ben **enjoyed seeing** his ex-girlfriend again.	*Ben genoss es, seine ehemalige Freundin wiederzusehen.*
The Burtons **love spending** their holidays in the mountains.	*Die Burtons lieben es, ihre Ferien in den Bergen zu verbringen.*
I **hate being told** what I have to do.	*Ich hasse es, wenn man mir sagt, was ich zu tun habe.*

Verben ohne Präposition

Ferner steht nach folgenden Verben in vielen Fällen ein *gerund*:

to admit to avoid to deny to finish	to imagine to keep to mention to mind	to miss to practice to suggest

Do you **admit telling** your sister a lie?	*Gibst du zu, dass du deine Schwester angelogen hast?*
I **avoid seeing** her again.	*Ich vermeide es, sie wiederzusehen.*
He **denies being** the thief.	*Er leugnet es, der Dieb zu sein.*
Do you **mind closing** the door, please?	*Könntest du bitte die Tür zumachen?*
I **suggest leaving** for the airport at 5.30.	*Ich schlage vor, dass wir um 5.30 Uhr zum Flughafen aufbrechen.*

7./8. Klasse

Verben mit Infinitiv oder gerund

Kann hinter einem Verb sowohl ein Infinitiv als auch ein *gerund* stehen, musst du beachten, dass eine jeweils andere Bedeutung damit verbunden ist.

Lern-Video

to stop

To stop + Infinitiv bedeutet, dass du mit etwas aufhörst, um etwas anderes zu erledigen. *To stop* + *gerund* dagegen drückt aus, dass du aufhörst, etwas zu tun.

to stop **+ Infinitiv**	***to stop + gerund***
For an hour Gerald had cleaned his room. Then he **stopped to watch** TV. *Eine Stunde lang hatte Gerald sein Zimmer aufgeräumt. Dann **hörte er damit auf, um Fernsehen zu schauen.***	Gerald **stopped watching** TV. *Gerald **hörte auf, fernzusehen.***

to remember und *to forget*

Beziehen sich *to remember* und *to forget* auf die Vergangenheit, so musst du ein *gerund* folgen lassen. Soll aber an etwas in der Gegenwart oder Zukunft gedacht werden, gebraucht man den Infinitiv mit *to*.

to remember / to forget **+ Infinitiv**	***to remember / to forget + gerund***
Did you **forget buying** some crisps? *Hast du vergessen Chips zu kaufen?*	Did you **forget spending** so much money in Las Vegas? *Hast du vergessen, dass du so viel Geld in Las Vegas ausgegeben hast?*
Remember to hand in your project folders by Friday! *Denkt dran, bis Freitag eure Projektmappen abzugeben.*	Do you **remember meeting** this strange guy in New York? *Erinnerst du dich daran, wie wir diesen verrückten Kerl in New York getroffen haben?*

Zusammenfassung

- Das *gerund* folgt auch auf bestimmte Verben ohne Präposition (z. B. Verben der Vorliebe bzw. Abneigung).
- Achte auf die Bedeutungsunterschiede, wenn Verben sowohl mit dem Infinitiv als auch mit dem *gerund* stehen können!

Present participle

Participles sind wie Infinitive unveränderliche Verbformen. Man unterscheidet zwischen dem *present participle* und dem *past participle*. Das *present participle* ist eine aktive Verbform.

Bildung

Das *present participle* wird gebildet aus dem Infinitiv des Verbs + *-ing*.

Gebrauch

Das *present participle* wird verwendet

(1) für die Bildung des *present progressive, past progressive* etc.:

The Italian woman was **looking** into the immigration officer's eyes, begging for mercy.	*Die italienische Frau sah dem Einwanderungsbeamten in die Augen und bat um Gnade.*

(2) als Attribut oder Prädikatsnomen mit aktiver Bedeutung:

an **exciting** story	*eine aufregende Geschichte*
The story was **exciting.**	*Die Geschichte war aufregend.*

(3) um Hauptsätze miteinander zu verbinden:

zwei Hauptsätze	verbunden durch das *present participle*
President Bush heard about the terrorist attack in New York. He immediately interrupted his visit to a local school.	**Hearing** about the terrorist attack in New York, President Bush immediately interrupted his visit to a local school.

(4) anstelle eines Relativsatzes. Das *present participle* kann notwendige Relativsätze ersetzen, in denen das Relativpronomen Subjekt des Relativsatzes ist. Aufgrund seines aktiven Charakters kann das *present participle* nur aktive Verbformen des Relativsatzes ersetzen:

Relativsatz	*present participle*
The woman who sells newspapers in the subway is my grandmother. *Die Frau, die Zeitungen in der U-Bahn verkauft, ist meine Oma.*	The woman selling newspapers in the subway is my grandmother. *wörtlich: Die Zeitungen verkaufende Frau …*

(5) um temporale, kausale oder konzessive Nebensätze in einem Satzgefüge zu verkürzen. Die Konjunktion kann – muss aber nicht! – bei der Verkürzung wegfallen.

Die Verkürzung ist nur möglich, wenn Haupt- und Nebensatz das gleiche Subjekt haben!

temporale / kausale / konzessive Nebensätze	verkürzt mit *present participle*
While Brian **was listening** to a new CD, he did his homework. *Während Brian eine neue CD anhörte, machte er seine Hausaufgaben.*	(While) **listening** to his new CD, Brian did his homework.
After Sheila **had left** him, she felt better. *Nachdem Sheila ihn verlassen hatte, fühlte sie sich besser.*	**Having left** him, Sheila felt better.
As / because they **knew** about his long illness, they were surprised how fast he could run. *Weil sie von seiner langen Krankheit wussten, waren sie überrascht, wie schnell er laufen konnte.*	**Knowing** his handicap, they were surprised how fast he could run.
Though she **had been** in America for 15 years, she didn't speak English very well. *Obwohl sie 15 Jahre lang in Amerika war, sprach sie nicht sehr gut Englisch.*	(Though) **having been** in America for 15 years, she didn't speak English very well.

Zusammenfassung

- Das *present participle* wird aus der Grundform und *-ing* gebildet. Es wird zur Bildung der *progressive*-Zeiten, als Attribut und Prädikatsnomen verwendet.
- Man kann mit dem *present participle* auch elegant Sätze miteinander verbinden oder verkürzen.

Past participle

Das *past participle* wird ähnlich wie das *present participle* gebraucht. Das *past participle* hat jedoch im Gegensatz zum *present participle* eine passive Bedeutung.

Bildung

Du bildest das *past participle* bei den Verben mit regelmäßigen Vergangenheitsformen aus dem Infinitiv und der Endung *-ed*. Denke daran, dass es eine Reihe von unregelmäßigen Verben gibt. Das *past participle* ist jeweils die dritte Verbform.

Gebrauch

Past participle wird verwendet

(1) für die Bildung des *present perfect, past perfect, future perfect, conditional perfect* und aller Passivformen:

The situation of the minorities in the US has been **improved.**	*Die Situation der Minderheiten in den USA hat sich verbessert.*
The conflict in Northern Ireland will not have **come** to an end in the next generation either.	*Der Konflikt in Nordirland wird auch in der nächsten Generation kein Ende finden.*

(2) als Attribut oder Prädikatsnomen mit passiver Bedeutung:

an **expected** result	*ein erwartetes Ergebnis*
The result could be **expected.**	*Das Ergebnis konnte man erwarten.*

(3) um Hauptsätze miteinander zu verbinden:

zwei Hauptsätze	verbunden durch das *past participle*
The bus driver watched a woman in the back row. She was reading a newspaper. *Der Busfahrer beobachtete eine Frau in der hinteren Reihe, die eine Zeitung las.*	The bus driver watched a woman in the back row **reading** a newspaper.

(4) anstelle eines Relativsatzes. Das *past participle* kann notwendige Relativsätze ersetzen, in denen das Relativpronomen Subjekt des Relativsatzes ist. Aufgrund seines passiven Charakters kann das *past participle* nur passive Verbformen des Relativsatzes ersetzen.

Relativsatz	*past participle*
An Aboriginal **who has been brought up** with the traditions of his ancestors can't fit in the white Australian society.	An Aboriginal **brought up** with the traditions of his ancestors can't fit in the white Australian society.

(5) um temporale, kausale und konzessive Nebensätze in Satzgefügen zu verkürzen. Die Konjunktion kann – muss aber nicht – bei der Verkürzung wegfallen.

Die Verkürzung ist nur möglich, wenn Haupt- und Nebensatz das gleiche Subjekt haben!

temporale / kausale / konzessive Nebensätze	verkürzt mit *past participle*
When Mike's parents **were told** about their son's behaviour, they were shocked.	When **told** about their son's behaviour, Mike's parents were shocked.
After he **had been caught** by the police, he confessed everything.	**Caught** by the police, he confessed everything.
Though it **was kept** secret, it came out that they had split.	Though **kept** secret, it came out that they had split.
John's family left earlier because they **were surprised** by the hotel prices in New York.	John's family left earlier, **surprised** by the hotel prices in New York.

Zusammenfassung

- Das *past participle* wird bei den regelmäßigen Verben aus der Grundform und der Endung *-ed* gebildet, die unregelmäßigen musst du auswendig lernen.
- Es wird bei der Zeitenbildung im Aktiv und im Passiv verwendet sowie als Attribut oder Prädikatsnomen gebraucht.
- Mit dem *past participle* kann man elegant Sätze verbinden bzw. verkürzen.
- Achte auf die passive Grundbedeutung!

Lern-Video

Notwendige und nicht notwendige Relativsätze

Relativsätze sind Nebensätze, die durch ein Relativpronomen eingeleitet werden und einen übergeordneten Hauptsatz näher bestimmen. Man unterscheidet dabei bestimmende, notwendige *(defining relative clauses)* und nicht bestimmende, nicht notwendige Relativsätze *(non-defining relative clauses)*.

Notwendige Relativsätze

Notwendige Relativsätze geben Informationen, ohne die ein Satz nicht verständlich wäre. Sie dürfen daher nicht weggelassen werden.

The man **who influenced Martin Luther King most** is Mahatma Ghandi.	*Der Mann, der Martin Luther King am meisten beeinflusst hat, ist Mahatma Ghandi.*
The book **which / that I like best** is "Harry Potter and the Philosopher's Stone".	*Das Buch, das ich am meisten mag, ist „Harry Potter und der Stein der Weisen".*

! Bei bestimmenden Relativsätzen steht im Englischen **kein Komma!** Es sollte auch keine Sprechpause entstehen. Damit wird verdeutlicht, dass der Relativsatz nicht vom Hauptsatz zu trennen ist.

Nicht notwendige Relativsätze

Nicht notwendige Relativsätze geben eine Zusatzinformation zur Hauptaussage. Du würdest die Aussage auch ohne den Relativsatz verstehen, so dass man ihn auch weglassen könnte. Nicht notwendige Relativsätze werden zur Verdeutlichung, dass es sich um einen Einschub handelt, durch Kommas abgetrennt. Diese wirken auch als Sprechpause.

Henry Ford, **who started up tinkering in a little shed in his backyard,** produced cars with the help of an assembly line for the first time.	*Henry Ford, der seine Karriere mit Tüfteleien in einem kleinen Schuppen auf seinem Hinterhof begonnen hatte, produzierte als Erster Autos mit Hilfe eines Fließbandes.*

contact clauses

Grundsätzlich kann das Relativpronomen als Subjekt oder Objekt eines Relativsatzes auftreten. Wenn das Relativpronomen in einem notwendigen Relativsatz *(defining relative clause)* anstelle eines Objekts verwendet wird, kann man es auch auslassen. Man spricht dann von einem *contact clause*, wenn Hauptsatz und Relativsatz ohne trennendes Relativpronomen in direktem Kontakt zueinander stehen.

Lern-Video

Hauptsatz	notwendiger Relativsatz
This is **the girl**	that (Relativpronomen als Objekt) **I talked to** in the disco.
als *contact clause* ohne Relativpronomen:	
This is **the girl**	**I talked to** in the disco.
im Deutschen kann das Relativpronomen nicht weggelassen werden:	
*Das ist **das Mädchen,***	*das **ich** in der Disco **angesprochen habe.***

Contact clauses können nur gebildet werden, wenn der Relativsatz ein eigenes (neues) Subjekt besitzt. Bei *contact clauses* steht **kein Komma** zwischen Hauptsatz und Relativsatz. Beim Sprechen solltest du auch keine Pause zwischendurch machen.

In nicht notwendigen Relativsätzen kann das Relativpronomen **nicht** ausgelassen werden.

Zusammenfassung

- Notwendige Relativsätze sind unerlässlicher Bestandteil des Satzes und können nicht weggelassen werden. Ausdruck dieser Zusammengehörigkeit sind die fehlenden Kommas zwischen Haupt- und Relativsatz.
- Nicht notwendige Relativsätze dagegen geben nur eine zusätzliche Information, die mit Kommas abgetrennt wird.
- Relativpronomen können als Subjekt oder Objekt des Relativsatzes verwendet werden.
- Bei notwendigen Relativsätzen, die ein eigenes Subjekt haben und in denen das Relativpronomen als Objekt verwendet wird, kann das Relativpronomen ausgelassen werden *(contact clause)*.

Relativpronomen

Personen und Dinge erfordern unterschiedliche Pronomen. Das gleiche gilt für die verschiedenen Fälle, in denen Relativpronomen stehen. Nicht zuletzt ist entscheidend, ob sich die Pronomen auf ein Substantiv oder aber auf einen ganzen Satz beziehen.

who, which und *that*

Bei Personen nimmst du als Relativpronomen *who* oder *that*.
Which oder *that* gebrauchst du, wenn sich der Relativsatz auf Dinge bezieht.

Look! The tall man **who** is standing next to John is Naomi's father.	*Schau! Der große Mann, der neben John steht, ist Naomis Vater.*
The subject **that** I fear most is Maths.	*Das Fach, vor dem ich am meisten Angst habe, ist Mathe.*
The cake **which** tasted so nice was from the supermarket.	*Der Kuchen, der so gut geschmeckt hat, war aus dem Supermarkt.*

! *That* darf nur in notwendigen Relativsätzen verwendet werden!

whose

Whose ist Relativpronomen für den Genitiv und drückt Besitz oder Zugehörigkeit bei Personen aus. *Whose* wird immer von einem Substantiv begleitet.

Bill Gates, **whose company** Microsoft makes billions every year, is the richest man in the world.	*Bill Gates, **dessen Firma** Microsoft jedes Jahr Milliarden erwirtschaftet, ist der reichste Mann der Welt.*

of which

Möchtest du Zugehörigkeit oder Besitz bei Dingen zum Ausdruck bringen, nimmst du besser das nachgestellte *of which*. Dies klingt allerdings sehr formal und ist daher vor allem im schriftlichen Sprachgebrauch zu finden.

The American car producers Ford and General Motors, **both of which** are located in Detroit, are facing a crisis.	*Die amerikanischen Autohersteller Ford und General Motors, die beide (= von denen beide) in Detroit ansässig sind, stecken in einer Krise.*

which als satzbezügliches Relativpronomen

Which muss sich nicht unbedingt auf ein Substantiv beziehen, sondern kann auch einen ganzen Satz bzw. die ganze Handlung als Bezugspunkt haben. Im letzteren Fall ist es immer ein nicht notwendiger Relativsatz.

which als das Substantiv bestimmende Relativpronomen	*which* als satzbezügliches Relativpronomen
Laura was wearing a short T-shirt, which some of the boys in class liked. *Laura trug ein kurzes T-Shirt, das/welches (= das T-Shirt) einigen der Jungen in der Klasse gefiel.*	Laura was wearing a short T-shirt, which some of the boys in class liked. *Laura trug ein kurzes T-Shirt, was (= die Tatsache, dass sie es trug) einigen der Jungen in der Klasse gefiel.*

Relativpronomen bei Verben mit einer Präposition

Bei Verben mit einer Präposition kann die Präposition an mehreren Stellen des Satzes stehen. Die Präposition kann mit dem Relativpronomen die Objektstelle besetzen, d. h. an den Anfang des Relativsatzes wandern. Sie kann aber auch hinter dem Verb stehen bleiben.

That's the CD **to which** I was listening.
That's the CD **which** I was listening **to.**
That's the CD I was listening **to.**

} *Das ist die CD, die ich (mir) gerade anhörte.*

!

Wird bei notwendigen Relativsätzen das Relativpronomen weggelassen, muss die Präposition am Ende stehen!
Nach der Präposition *to* kann bei Personen die etwas altmodische Form *whom* stehen: That`s the woman **to whom** I was talking to yesterday.

Zusammenfassung

- *Who, whose* und *whom* werden als Relativpronomen für Personen verwendet, *which* für Dinge.
- *Which* kann sich auch auf einen Satz beziehen.
- *That* kann sowohl für Personen als auch für Dinge gebraucht werden. Allerdings kann *that* nur in notwendigen Relativsätzen eingesetzt werden.
- Bei Verben, die eine Präposition nach sich ziehen, kann diese an verschiedenen Stellen des Relativsatzes stehen.

Lern-Video

If-Sätze

If-Sätze bestehen aus einem Haupt- und einem Nebensatz. Im Nebensatz wird mit *if* eine Bedingung formuliert, die erfüllbar oder unerfüllbar sein kann. Es gibt – je nach Erfüllbarkeit der Bedingung – drei unterschiedliche Typen.

Typ I – Bedingung erfüllbar

Bei diesem Typ des Bedingungssatzes steht der *if*-Satz im *simple present*. Die Bedingung bezieht sich daher auf die Gegenwart oder die Zukunft und ist somit prinzipiell erfüllbar.
Beim Hauptsatz muss man das *will-future* verwenden. In diesem wird eine Folge für die Zukunft ausgedrückt, die eintritt, wenn die Bedingung erfüllt ist.

***if*-Satz (simple present)**	**Hauptsatz *(will-future)***
If it **rains,** *Wenn/Falls es regnet,* If we **are** lucky, *Wenn wir Glück haben,*	we **won't be able to go** out and play football. *werden wir nicht hinauskönnen und Fußball spielen.* we **will get tickets** for the Robbie Williams concert. *kriegen wir Karten für das Robbie-Williams-Konzert.*

Der *if*-Satz muss dabei nicht am Anfang stehen, sondern kann auch dem Hauptsatz folgen: We **won`t be able to go** out and play football, if it **rains.**

!

Im Deutschen wird das Wort *wenn* für zwei Wörter im Englischen benutzt: *if* und *when*:
- *If* drückt eine Möglichkeit aus und kann im Deutschen daher auch gut mit dem Wort *falls* wiedergegeben werden.
- *When* hat immer etwas mit einem Zeitpunkt zu tun (*dann, wenn ...*).

If I arrive before 10.30, I will give you a call.	*Falls ich vor 10.30 Uhr ankomme, rufe ich dich an.*
When I arrive, I will give you a call.	*Wenn ich ankomme, rufe ich dich an.*

Typ II – Bedingung erfüllbar, aber unwahrscheinlich

Der *if*-Satz steht im *simple past*, im Hauptsatz verwendest du das *conditional* (*would* + Infinitiv). Die im *if*-Satz formulierte Bedingung bezieht sich auf die Gegenwart oder Zukunft und ist somit prinzipiell möglich, doch ziemlich unwahrscheinlich.

if-Satz *(simple past)*	Hauptsatz *(conditional)*
If I **had** a lot of money, *Wenn ich viel Geld hätte,* If I **were** you, *An deiner Stelle* If he **moved** to London, *Wenn er nach London ziehen würde (= zöge),*	I **would travel** around the world. *würde ich um die Welt reisen.* I **would go** home immediately. *würde ich sofort nach Hause gehen. (= ginge ich …)* he **would find** a job. *würde er eine Arbeit finden (= fände er …)*

!

Im *if*-Satz darf NIEMALS *would* stehen! Dies gilt für alle *if*-Satz-Typen.
Der Konjunktiv, den man im Deutschen verwendet, wird im Englischen über die Vergangenheitsform des Verbs ausgedrückt.

Typ III – unerfüllbare Bedingung

Während sich die *if*-Sätze Typ I und II auf die Zukunft beziehen, blicken *if*-Sätze des Typs III auf die Vergangenheit zurück. Das Ergebnis einer Handlung ist also schon bekannt und kann nicht mehr verändert werden. Die Bedingung drückt daher aus, was gewesen sein könnte bzw. sollte.
Der *if*-Satz steht daher im *past perfect* (*had* + *past participle*). Im Hauptsatz folgt *conditional perfect* (*would have* + *past participle*). Neben *would* können auch andere Hilfsverben wie z. B. *might*, *could*, *should* gebraucht werden.

if-Satz *(past perfect)*	Hauptsatz *(conditional perfect)*
If Robert **had seen** her earlier, *Wenn Robert sie eher gesehen hätte,* If it **hadn't rained,** *Wenn es nicht geregnet hätte,* If I **had known** it earlier, *Wenn ich es früher gewusst hätte,*	he **would have warned** her. *hätte er sie gewarnt.* more people **would have come.** *wären mehr Leute gekommen.* I **might have gone** to the concert. *wäre ich vielleicht auf das Konzert gegangen.*

Zusammenfassung

- *If*-Sätze bestehen aus einem Nebensatz, in dem eine Bedingung formuliert wird, und einem Hauptsatz, der eine Folge ausdrückt. Je nach Erfüllbarkeit der Bedingung musst du unterschiedliche Zeiten verwenden.
- Merke dir, dass im Nebensatz mit *if* niemals *would* stehen darf!

Prinzipien der indirekten Rede

Die indirekte Rede ermöglicht es, wiederzugeben, was jemand sagt oder gesagt hat. Dabei ist zu beachten, zu welchem Zeitpunkt und aus welcher Sichtweise eine Äußerung in der indirekten Rede berichtet wird.

Verb des Einführungssatzes im *simple present* oder *present perfect*

In aller Regel wird die indirekte Wiedergabe einer Äußerung von einem Satz eingeleitet, der ausdrückt, dass jemand etwas sagt bzw. mitgeteilt hat (*Tom says, he told me, she asked* etc.).

! Steht das Verb im Einführungssatz im ***simple present*** oder ***present perfect***, wird die indirekt wiedergegebene Äußerung ***ohne Veränderung der Zeit*** angehängt. Im Deutschen ist es anders!

direkte Rede	indirekte Rede
Sally to Bob: "You **mustn't rely** on Bill." *Sally zu Bob: „Du **darfst** dich auf Bill nicht **verlassen.**"*	Sally **says** to Bob that he **mustn't rely** on Bill. *Sally sagte zu Bob, dass er sich nicht auf Bill **verlassen dürfe.***
Linda: "My best subject at school is French." *Linda: „Mein bestes Fach in der Schule ist Französisch."*	Linda **has** always **said** her best subject at school is French. *Linda hat immer gesagt, dass ihr bestes Fach in der Schule Französisch sei.*

! Da es sich bei der indirekten Aussage um eine notwendige Ergänzung handelt, steht vor *that* im Englischen kein Komma!

Wie bei den notwendigen Relativsätzen kann *that* auch weggelassen werden. Im Deutschen ist dies nicht möglich.

direkte Rede	indirekte Rede
Greenpeace spokesman: "Alternative sources of energy will be more important in future." *Der Sprecher von Greenpeace: „Alternative Energiequellen werden in Zukunft an Bedeutung gewinnen."*	The Greenpeace spokesman believes (that) alternative sources of energy will be more important in future. *Der Sprecher von Greenpeace glaubt, dass alternative Energiequellen in Zukunft an Bedeutung gewinnen werden.*

Wechsel der Perspektive

Eine Besonderheit der indirekten Rede ist, dass die Sichtweise des Sprechers berücksichtigt werden muss. Dies führt dazu, dass manche **Pronomen** und **Verbformen verändert** werden müssen.

direkte Rede	indirekte Rede
Martin Luther King: "**I have** a dream!"	Martin Luther King says **he has** a dream.

Stil

Achte darauf, indirekte Äußerungen nicht immer mit dem Verb *to say* einzuleiten. Folgende Verben können ausdrucksstärker formulieren, wie eine Äußerung gemeint ist oder war.

to apologise to ask to admit to answer to argue to complain	to inform to prove to regret to show to tell

direkte Rede	indirekte Rede
Tom to Kim: "I have forgotten your birthday."	Tom apologises that he has forgotten Kim's birthday.
Joey: "Dad is never here when you need him."	Joey complains that his dad is never there when he needs him.

Zusammenfassung

- Steht das Verb im Einführungssatz der indirekten Rede im *simple present* oder *present perfect*, wird die Zeit der direkten Äußerung ohne Änderung übernommen.
- Denke daran, dass in der Regel eine andere Perspektive angenommen wird, so dass sich die Pronomen und Verbformen ändern.
- Achte auf einen guten Stil!

Lern-Video

Die Zeitverschiebung

Da das Englische keinen Konjunktiv kennt, wird eine in der Vergangenheit stattgefundene direkte Rede durch eine Zeitverschiebung in die Vergangenheit als indirekt gekennzeichnet (*backshift of tenses*).

Verb des Einführungssatzes im *past tense*

Steht das Verb im Einführungssatz im *simple past* bzw. *past perfect* (*she said, Sam had told me* etc.), wird die indirekt wiedergegebene Äußerung mit einer **Rückverschiebung der Zeit** angehängt.

Übersicht über die Rückverschiebung der Zeiten

direkte Rede	indirekte Rede
simple present Sarah: "I send you a text message."	
present perfect Sarah: "I have sent you a text message."	
simple past Sarah: "I sent you a text message."	*simple past* Sarah answered that **she sent** him a text message.
past perfect Sarah: "I had sent you a text message."	*past perfect* Sarah answered that **she had sent** him a text message.
will-future Sarah: "I will send you a text message."	
conditional Sarah: "I would send you a text message."	*conditional* Sarah answered that **she would send** him a text message.
	conditional perfect Sarah answered that **she would have sent** him a text message.

!

Eine Besonderheit stellt das *going to-future* dar. Es wird von einer Präsensform von *to be* eingeleitet, die bei der Rückverschiebung verändert wird. Die indirekte Form von *am / is / are going to* ist deshalb *was / were going to*.

direkte Rede	indirekte Rede
"What **are** you **going to do** against the terrorists, Mr. President?" *„Was wollen Sie gegen die Terroristen unternehmen, Mr. President?"*	The president was asked what he **was going to** do about the terrorists. *Der Präsident wurde gefragt, was er gegen die Terroristen unternehmen wolle.*

Zeitverschiebung bei den *progressive*-Zeiten

Die *progressive*-Zeiten (z. B. *present progressive, past progressive, present perfect progressive* etc.) werden entsprechend den Regeln der einfachen Zeiten ebenfalls in die Vergangenheit verschoben.

direkte Rede	indirekte Rede
The president: "We **are doing** our best." *Der Präsident: „Wir tun unser Bestes."*	The president argued that they **were doing** their best. *Der Präsident argumentierte, sie täten ihr Bestes.*
"We **will be controlling** our borders." *„Wir werden die Grenzen kontrollieren."*	He assured the reporter that **they would be controlling** the borders. *Er versicherte dem Reporter, dass sie die Grenzen kontrollieren würden.*

Zusammenfassung

- In der indirekten Rede wird die wiedergegebene Äußerung um einen Schritt in der Vergangenheit zurückverschoben, wenn das Verb im Einführungssatz im *simple past* steht. Dies gilt auch für die *progressive*-Zeiten.
- Das *past perfect* und das *conditional perfect* bleibt gegenüber der direkten Rede unverändert.
- Eine Besonderheit bildet auch das *going to-future*: *am / is / are going to* wird zu *was / were going to*.

Fragen

Bei Fragen in der indirekten Rede verändert sich nicht nur die Zeit, sondern auch die Satzstellung. Du musst zwischen Fragen mit Fragewort und Entscheidungsfragen unterscheiden.

Fragen mit Fragewort

Bei Fragen, die in der direkten Rede ein Fragewort haben, wird dieses in der indirekten Frage übernommen:

direkte Rede	indirekte Rede
Mum: "**When are you going to** be back?" Mama: *„Wann bist du wieder zurück?"*	Mum asked **when I was going to** be back. *Mama fragte, wann ich wieder zurück sein würde.*

!

Aus der normalen Satzstellung der Frage in der direkten Rede wird bei der Wiedergabe als indirekte Frage die Wortstellung eines Aussagesatzes: Subjekt – Prädikat – Objekt (S – P – O). Dass es eine Frage ist, erkennt man an dem Verb des Einführungssatzes (*to ask*, *to want*, *to know*) und dem Fragewort.

	Fragewort	Hilfsverb (Prädikatsteil)	Subjekt	Prädikat	Objekt
Mary:	"Why	didn't	you	phone	me?"
Mary asked	why		her friend	hadn't phoned	her.

Entscheidungsfragen

Entscheidungsfragen haben kein Fragewort. Daher musst du *if* oder *whether* (= ob) einfügen, um zu verdeutlichen, dass es sich um eine Frage handelt. Auch hier wird die indirekte Frage mit der Satzstellung S – P – O wiedergegeben.

direkte Rede	indirekte Rede
Kevin: "**Is** there anybody at home?" Kevin: *„Ist jemand zu Hause?"*	Kevin asked **whether** there **was** anybody at home. *Kevin fragte, ob jemand zu Hause sei.*

Aufforderungen und Vorschläge

Bei Aufforderungen, Anweisungen und Vorschlägen wird aus dem Imperativ (Befehlsform) in der Regel eine Infinitivkonstruktion mit *to*. Diese gilt für alle Zeiten, so dass du dich um die sonst übliche Zeitverschiebung in der indirekten Rede nicht kümmern musst.

Unabhängig von der Zeit des Verbs im Einführungssatz besteht die indirekte Aufforderung aus einem **Subjekt + *to* + Infinitiv.** Bei verneinten Befehlsformen setzt du *not* unmittelbar vor *to*.

direkte Rede	indirekte Rede
The teacher: "Stop talking!" *Der Lehrer: „Hört auf zu reden!"*	The teacher told **us to stop** talking. *Der Lehrer forderte uns auf, mit dem Reden aufzuhören.*
Bob (to his little sister): "**Don't** do that again!" *Bob (zu seiner kleinen Schwester): „Mach das nicht noch einmal!"*	Bob warned **his little sister not to do** that again. *Bob warnte seine kleine Schwester, das nicht noch einmal zu tun.*

Einführungsverben bei indirekten Befehlsformen

Befehlsformen können unterschiedlich streng oder verbindlich gemeint sein. Sie können richtige Befehle ausdrücken oder aber auch als freundliche Aufforderung bzw. Hinweis zu verstehen sein.

Je nach Bedeutung solltest du im Einführungssatz folgende Verben verwenden: *to order, to command, to tell, to warn, to ask, to advise. To order* wirkt in dieser Reihe von Verben am strengsten; *to advise* eignet sich für Ratschläge und Hinweise: *I would advise you not to do it.* (= Ich würde dir raten, es nicht zu tun.)

Zusammenfassung

- **Bei Fragen, Aufforderungen und Vorschlägen in der indirekten Rede verändert sich die Satzstellung bzw. die Konstruktion.**
- **Indirekte Fragen haben die Satzstellung des Aussagesatzes (S – P – O).**
- **Wenn kein Fragewort vorhanden ist, nimmst du *if* oder *whether*.**
- **Befehlsformen werden in der indirekten Rede mit einer Infinitivkonstruktion mit *(not) to* wiedergegeben.**

Orts- und Zeitangaben

Wie Verbformen und Pronomen müssen Orts- und Zeitangaben unter Umständen verändert werden, wenn sich der Blickwinkel auf einen Ort oder einen Zeitpunkt verschoben hat.

Zeitangaben

Zeitangaben wie z. B. *yesterday* beziehen sich auf einen bestimmten Sprechzeitpunkt. In diesem Fall bezeichnet die Angabe von heute aus betrachtet den gestrigen Tag. Wird die Aussage aber zu einem viel späteren Zeitpunkt, z. B. eine Woche danach, wiedergeben, kannst du nicht mehr von *gestern* sprechen. Entsprechend müssen eine Reihe von Zeitangaben in der indirekten Rede verändert werden.

direkte Rede		indirekte Rede
today	→	that day
tonight	→	that night
this week / month	→	that week / month
now	→	then
at the moment	→	at that moment
yesterday	→	the day before
last week / month	→	the week / month before
two ... days / weeks ... ago	→	two ... days / weeks ... before
tomorrow	→	the following day
next week	→	the following week / the next week

Ortsangaben

Ähnliches gilt für Ortsangaben, die bei einem anderen Sprechort ebenfalls dem neuen Blickwinkel angepasst werden müssen.

direkte Rede		indirekte Rede
here	→	there
in this town	→	in that town

! Zeit- und Ortsangaben bleiben gleich, wenn Zeit und Ort der Aussage in dem Moment, in dem die Äußerung wiedergegeben wird, noch dieselben sind.

Modalverben

Auch die Modalverben müssen nach einem Einführungsverb in der Vergangenheit in der indirekten Rede verändert werden. Einige folgen den Regeln der Zeitverschiebung, andere nicht.

can, may, will und *shall*

Für diese Modalverben gibt es natürliche Formen, die bei der Wiedergabe in der indirekten Rede benutzt werden können.

direkte Rede	indirekte Rede
The English teacher: "**Can** you tell me the difference between 'to borrow' and 'to lend'?"	The English teacher asked them whether anybody **could** tell him the difference between "to borrow" and "to lend".
"**May** I have your attention, please."	He asked them whether he **might** have their attention.
Sue: "Damn! The car **won't** start."	Sue grumbled that the car **wouldn't** start.

must und *needn't*

Must und *needn't* haben nur eine Präsensform, so dass bei einer Zeitverschiebung vielfach ihre Ersatzformen (*to have to* bzw. *to do not have to*) herangezogen werden.

direkte Rede	indirekte Rede
The doctor: "You **must** take these pills twice a day."	The doctor told me that I **had to** take those pills twice a day.
Kelly's mother: "You **needn't** behave like a child."	Kelly's mother told her that she **didn't have to** behave like a child.

could, should, would und *might*

Diese Modalverben bleiben in der indirekten Rede unverändert.

Zusammenfassung

- Verändert sich eine Orts- oder Zeitangabe gegenüber der direkten Äußerung zum Zeitpunkt der Wiedergabe in der indirekten Rede, so müssen diese Angaben dem neuen Blickwinkel angepasst werden.
- Bei den Modalverben ändert sich *can* zu *could*, *may* zu *might*, *will* zu *would* und *shall* zu *should*.
- *Must* und *needn't* werden in der indirekten Rede mit den Ersatzformen *(do not) have to* gebildet.

Amerikanisches und britisches Englisch

Obwohl sowohl in England als auch in den USA Englisch gesprochen wird, gibt es einige Unterschiede in der Aussprache, der Rechtschreibung und im Wortschatz.

Aussprache

Grundsätzlich lassen sich drei Bereiche ausmachen, in denen die britische Aussprache von der amerikanischen abweicht.

	BE (British English)	*AE (American English)*
„r": Amerikaner sprechen das [r] auch dort aus, wo es im BE stumm ist.	car [kɑː]	car [kɑːr]
„t": Ein „t" in der Mitte eines Wortes wird in den USA häufig [d] ausgesprochen.	beautiful ['bjuːtɪfʊl]	beautiful ['bjuːdɪfʊl]
„a" und **„o"**: Diese Vokale werden im AE anders ausgesprochen: [a:] → [æ], [ɔ] → [ɑ].	after ['ɑːftə] hot [hɔt]	after ['æftər] hot [hɑt]

Rechtschreibung

Besonders am Wortende kommt es zu Abweichungen zwischen britischem und amerikanischem Englisch. Es gelten im allgemeinen folgende Rechtschreibregeln:

BE → AE	*BE (British English)*	*AE (American English)*
-our → -or	neighbour	neighbor
-mme → -m	programme	program
-gue → -g	catalogue	catalog
-re → -er	theatre	theater
-ll → -l	travelled	traveled

Wortschatz

Es ist heute nicht mehr möglich, die Wortschatzbereiche des britischen und amerikanischen Englisch so klar zu trennen, wie es früher der Fall war. Der Einfluss der amerikanischen Kultur, Medien und Sprache ist so groß, dass die Unterschiede immer mehr verschwimmen. Typischerweise sind die folgenden Wörter jedoch immer noch eher in dem ein oder anderen Sprachraum anzutreffen.

deutsch	*BE (British English)*	*AE (American English)*
Herbst	autumn	fall
Keks	biscuit	cookie
Pommes Frites	chips	French fries
Stadtzentrum	city centre	downtown
Notizbuch	exercise book	notebook (!)
Film	film	movie
Feuerwehrmann	fireman	firefighter
Wohnung	flat	apartment
Fußball	football	soccer
3. Verbform von "get"	(have) got	gotten
Schuldirektor	headteacher	principal
mieten	to hire	to rent
Ferien	holiday	vacation
Aufzug	lift	elevator
Lastwagen	lorry	truck
Note	mark	grade
Handy	mobile (phone)	cell phone
Benzin	petrol	gas
Post	post	mail
Schüler	pupil	student
sich anstellen	to queue	to get / stand in line
Eisenbahn	railway	railroad
Laden	shop	store
Süßigkeiten	sweets	candy
Hose	trousers	pants
U-Bahn	underground / tube	subway

Zusammenfassung

Der wichtigste Unterschied zwischen dem britischen und dem amerikanischen Englisch ist die Aussprache. Hier ebenso wie bei der Rechtschreibung kannst du die Unterschiede aus Regeln ableiten. Die unterschiedlichen Wortschatzbereiche musst du lernen!

Präsentieren

Zu den zentralen Fähigkeiten gehört es, einen Gegenstand präsentieren zu können. Dabei können verschiedene Medien, wie z. B. auch der Computer, eingesetzt werden.

Eine Präsentation erarbeiten und halten

Präsentationen *(presentations)* nehmen einen immer größeren Stellenwert im Unterricht ein. Die folgenden zehn goldenen Regeln können dir bei der Vorbereitung und Durchführung einer Präsentation nützlich sein:

Vorbereitung:

(1) Erstelle zunächst eine ungeordnete Stoffsammlung. Fasse einzelne Punkte zusammen und **gliedere die Argumentation.** Es ist durchaus sinnvoll, auch Gegenargumente zu sammeln, um einen Gegenstand umfassend darstellen zu können. Um überzeugend zu wirken, solltest du jedes Argument mit einem **Beispiel** belegen.
(2) Suche nach **passenden Fotos, Karten** oder **Dingen,** um deinen Vortrag visuell zu unterstützen und anschaulich zu machen. Recherchiere nicht nur im Internet! Bücher haben vielfach Sachverhalte bereits optimal aufbereitet. Manchmal kann man damit viel Zeit sparen statt sinnlos auf nicht immer verlässlichen Seiten zu surfen!
(3) Schreibe dir **Stichworte in Englisch** – keine ganzen Sätze – auf Karteikarten, um nicht Gefahr zu laufen, in der Aufregung alles abzulesen. Achte auf die **Aussprache** von **schwierigen Wörtern.** Notfalls musst du sie im Lexikon nachschauen.
(4) Erstelle ein **Handout** mit der Gliederung und den wichtigsten Fakten. Achte darauf, dass das Blatt übersichtlich gestaltet ist. Ein aussagekräftiges Bild hilft deinen Mitschülern, sich später besser an deinen Vortrag zu erinnern. Am Ende musst du deine Quellen angeben. Bei Büchern gibst du den Autor, Titel, Erscheinungsort und -datum an. Bei Internetquellen musst du den gesamten Pfad und das Datum der Abfrage nennen (z. B. http://www.nettlesworth.durham.sch.uk/time/victorian/vindust.html (13.6.2012)). In der Regel solltest du das Handout erst am Ende deiner Präsentation austeilen. Sonst hören dir deine Mitschüler nicht mehr so gut zu.
(5) **Übe deine Präsentation ohne Zuschauer** mehrere Male. Vielleicht kannst du dich vor dem Spiegel selbst beobachten oder die Präsentation auch deinen Familienmitgliedern vortragen.

Durchführung:

(6) Beginne erst, wenn du alle Materialien bereitliegen hast. Arbeitest du mit Overheadfolien, dann lege die erste Folie auf den Projektor und kontrolliere, ob dieser an der richtigen Stelle steht. Benutzt du einen Laptop, schließe erst alle Geräte an und starte das Programm, mit dem du arbeiten möchtest. Schreibe wichtige und unbekannte Vokabeln für deine Mitschüler an die Tafel.
(7) Informiere deine Zuhörer über das, was sie zu erwarten haben (Gegenstand, Gliederung).
(8) Sprich laut und deutlich. Achte darauf, nicht zu schnell zu reden.
(9) Halte Blickkontakt mit deinen Zuhörern. Dies geht nur, wenn du möglichst frei vorträgst. Vermeide es (auch wenn es schwerfällt), auf die Projektionsfläche hinter dir zu schauen. Du siehst die Bilder, die deine Zuhörer groß sehen, auf dem Overheadprojektor bzw. im Computer.
(10) Achte auf eine angemessene Körperhaltung. Es macht beispielsweise einen schlechten Eindruck, wenn du eine Hand in die Hosentasche steckst. Tipp: Deine Hände könnten die Karteikarten festhalten – so machen es Profis!

Präsentationsprogramme wie PowerPoint verführen dazu, sämtliche technischen Möglichkeiten auszunutzen. Denke aber daran, dass du nicht das Programm vorstellen sollst, sondern dass dieses nur ein Hilfsmittel für deinen Gegenstand ist!

- Vermeide es, einzelne Buchstaben, Worte oder Textbestandteile mit Effekten einfließen zu lassen!
- Verwende nicht zu viele Folien, sondern lasse einige wenige auf deine Zuhörer wirken.
- Schreibe nicht zu viel Text auf deine Folien! Man kann nicht gleichzeitig viel lesen und dir zuhören. Es sollten nur Stichworte auf der Folie zu sehen sein, die als Merk- und Strukturierungshilfen dienen.

Vergiss nicht: **Das wichtigste Medium bist du selbst!**

Zusammenfassung

- Präsentationen müssen gut vorbereitet sein: Übung macht den Meister.
- Achte auf eine verständliche Sprache und einen angemessenen Medieneinsatz. Präsentationsprogramme sollten mit Sinn und Verstand eingesetzt werden.

Private Briefe schreiben

Private und formale Briefe unterscheiden sich im Stil deutlich voneinander. Private Briefe ähneln stilistisch der gesprochenen Sprache. Darüber hinaus ist zu beachten, dass Briefe im Englischen deutlich von deutschen Gepflogenheiten abweichen.

Formale Unterschiede zwischen deutschen und englischen Briefen

Im Gegensatz zum Deutschen schreibt man in einem englischen Brief die eigene Adresse **rechts** oben hin. Der eigene Name bleibt in der Regel unerwähnt. Etwas abgesetzt folgt das Datum, das ebenfalls auf die rechte Seite kommt.

Anrede

Die englische Sprache kennt keine Unterscheidung zwischen *Liebe/-r ...* und *Sehr geehrte/-r ...* Hier steht, egal wie gut du den Adressaten kennst:

Dear ...

Wichtig: In der nächsten Zeile geht es mit einem Großbuchstaben weiter!

Stil

Private Briefe entsprechen einer informellen mündlichen Kommunikation. Daher finden sich typische Elemente der gesprochenen Sprache auch hier, z.B. umgangsssprachliche Ausdrücke wie *what about you* oder Kurzformen wie *didn't, aren't.*

Briefende

Beendest du einen Brief, kannst du folgende Wendungen benutzen:

Please write back soon. *Say hello to ... for me.*
Give my love to ... .

Zuletzt folgt die Grußformel (großgeschrieben), hinter der immer ein Komma steht, bevor der Name folgt:

Take care, *All the best,*
Love, *Best wishes,*

Ein Beispiel für einen privaten Brief könnte folgendermaßen aussehen:

86 Ocean Drive
Miami, Fl 22461

September 9 / 11 / 2012

Dear Ellen,

Sorry for bothering you with a problem, but you are still my best friend.
My parents – I fear – are going to be divorced. Dad and Mum quarrel about almost everything, so Dave and I are having a really hard time. If they split, I don't really know who to live with. Anyhow, it's still a secret, so please don't tell anybody.

But what about you? Are you still going out with this handsome guy I always envied you for? Thank God I didn't meet him before you fell in love with him. Probably we both would have fought for him.

Please write back soon.

Love,
Sarah

Zusammenfassung

- Private Briefe verwenden Elemente der gesprochenen Sprache (z. B. Kurzformen).
- Vergiss nicht eine Wendung und Grußformel am Ende des Briefs.

Formale Briefe schreiben

Formale Briefe sind gekennzeichnet durch formale Merkmale und einen ausgesprochen schriftsprachlichen Stil. Typische formale Briefe sind Bewerbungsschreiben und Leserbriefe.

Adresse
Wie in privaten Schreiben steht die eigene Adresse rechts oben. Außerdem fügst du die Anschrift des Adressaten links ein.

Datum
Es gibt verschiedene Möglichkeiten, das Datum zu schreiben:

15 October 2012	*October 15, 2012*
15th October 2012	*October 15th, 2012*

Achte auf die Zeichensetzung. Nur bei der nachgestellten Zahl wird ein Komma gesetzt! Vermeide es, das Datum nur mit Zahlen zu schreiben, da je nach Kulturkreis die erste Zahl den Monat oder den Tag bedeuten kann.

Betreffzeile
Die Betreffzeile besteht häufig nur aus einem Halbsatz oder auch nur einem Wort. Diese fasst das Anliegen des Briefes zusammen.

Anrede
Bei der Anrede solltest du nach Möglichkeit den Namen dessen nennen, an den der Brief gerichtet ist. Falls er unbekannt ist, verwende folgende Formulierung:

Dear Sir or Madam,

Stil
Der gehobene Stil wird an Grammatik und Wortwahl deutlich. Kurzformen wie *I'm* oder *didn't* sind in einem förmlichen Brief nicht üblich!

Briefende
Formulierungen wie *I look (simple present!) forward to hearing from you* schließen den Textkörper ab. Danach folgt die Grußformel mit Komma *(Yours) sincerely*, bzw. *Yours faithfully*, sowie gegebenfalls Anlagen (*Enc.* für *enclosures*).

Typische formale Briefe sind *Bewerbungsschreiben* (*letter of application*) oder *Leserbriefe* (*letter to the editor*). Hier ein Beispiel für eine Bewerbung:

15 Nottingham Court Road
York
Y05 136
England

John F. Kennedy High School
P.O. Box 2326
New York City, NY 24579

February 10th, 2012

Application for a high school year abroad

Dear Sir or Madam,
With respect to your formal requirements I would like to apply in written form for a year abroad at John F. Kennedy High School.

As requested, I enclose my CV, a letter of recommendation from a teacher of mine and last year's report which will allow you to assess my qualifications.

I look forward to hearing from you.

Yours sincerely,

Peter O'Neill

Enc. (CV, letters)

Zusammenfassung

- Formale Briefe enthalten gegenüber privaten Schreiben die Adresse des Empfängers, eine Betreffzeile und Anlagen. Darüber hinaus sind andere Anrede- und Abschiedsformeln zu verwenden.
- Achte auf die richtige Datumsschreibweise und einen angemessen formalen Stil.

Interviews und Zeitungsberichte

Ein Interview kann im Rahmen einer Nachrichtensendung oder auch einer Talkshow stehen. Natürlich kann es auch direkt als Grundlage für einen Zeitungsbericht erstellt werden. Gegenüber dem Interview, einer direkten Kommunikation zwischen einem fragenden Journalisten und einer befragten Person, wird in der Zeitung eine indirekte Fassung des Gesprächs wiedergegeben.

Ein Interview führen

Der Journalist muss darauf achten, dass in dem Gespräch die sechs w(h)-Fragen geklärt werden: *who*, *what*, *when*, *where*, *how* und *why*.
Wird das Interview innerhalb einer Talkshow geführt, wird der Moderator (*host*) die besonderen Rahmenbedingungen dieser Sendung berücksichtigen.

Host:	**Welcome to** "Don't miss your chance. Tell your own story", ladies and gentlemen. **Today's talk is** "Prejudices". **My first guest** is Conchita Martinez.
Conchita:	Hi, I'm Conchita. My parents come from Mexico, but I was born in the United States. I've lived in Miami, Florida, all my life.
Host:	Conchita, tell us about your experiences with prejudices.
Conchita:	Well, at school there are some who are not nice to me because I look different and they make fun of me.
Host:	**Who** are they?
Conchita:	White students.
Host:	Are you afraid of anyone?
Conchita:	Yes, there is one guy who I'm really afraid of.
Host:	**Why? What did he do** to you?
Conchita:	He once attacked me and said: "Go home to Mexico!"
Host:	**When did that happen?**
Conchita:	That was three months ago. He was waiting for me after the sports lesson.
Host:	Did you tell any of the teachers?
Conchita:	Of course I did. But they didn't do anything about it.
Host:	**Why?**
Conchita:	They said that they had talked to him and his parents. But he didn't change. He did the same thing a few weeks later. That's why I'm here to tell my story.
Host:	That's quite sad. **Stay with us, we'll continue after the break.**

Einen Zeitungsbericht schreiben

Zeitungsberichte haben ebenfalls ihre Eigenheiten, die es zu berücksichtigen gilt. Dazu zählen eine knappe, aber packende Überschrift, die die Aufmerksamkeit des Lesers erwecken soll, und der Wechsel von direkter und indirekter Wiedergabe von Äußerungen, um den Text interessant zu gestalten.

Denke bei der Wiedergabe von direkten Äußerungen in der indirekten Rede an die Verschiebung der Zeiten, Pronomen bzw. der Orts- und Zeitangaben! !

Ein Zeitungstext in einer **seriösen Zeitung** sollte **sachlich** sein und sich auf die Fakten beschränken. Ein Text für eine **Boulevardzeitung** dürfte auch **übertreiben** und etwas **dramatisieren.**
Ein Zeitungstext zu dem linksseitig stehenden Interview könnte für eine seriöse Zeitung folgendermaßen aussehen:

PREJUDICES AGAINST MEXICANS AT OUR SCHOOLS — zupackende Überschrift

(ap) The story of a 15 year-old-girl shows that race relations at American schools have to be improved. Conchita M., whose parents are Mexican, has been made fun of by white students at her school in Miami, Florida, for a long time. Yesterday she made public in a talk show that **she had been attacked after a sports lesson** by one of them three months ago. He told her to "go home to Mexico". **She admitted that she was really afraid of him.** — indirekte Rede

It is surprising that the school did not do anything against it. The teachers talked with the boy and his family, but that was not enough. Conchita seemed to be very disappointed when she said: **"But he didn't change. He did the same thing a few weeks later."** — direkte Rede

How long will it take so that there will be no more prejudices against Hispanics and other immigrants? Young people will have to get rid of that for the 21st century.

Zusammenfassung

- Interviews und Zeitungsartikel versuchen die sechs w(h)-Fragen zu klären: *who, what, when, where, how, why.*
- Der Stil eines seriösen Zeitungsartikels ist sachlich.
- Wähle eine gute Überschrift, um die Aufmerksamkeit des Lesers zu erhalten.
- Achte bei der Wiedergabe von Äußerungen auf die Besonderheiten der indirekten Rede.

London

London ist das politische, wirtschaftliche und kulturelle Zentrum Großbritanniens. Aufgrund seiner Bedeutung und seiner fast zweitausendjährigen Geschichte gibt es eine Fülle von Sehenswürdigkeiten.

Tube und Doppeldeckerbusse – Verkehrsmittel als Markenzeichen

Mehr als sieben Millionen Menschen leben und arbeiten in London. Würden alle jeden Tag mit dem Auto fahren, käme man gar nicht mehr voran, daher besteht seit 2003 eine Mautgebühr für die Innenstadt. So verwundert es nicht, dass das wichtigste Verkehrsmittel die berühmte *underground* ist. Wegen ihrer engen Tunnelröhren wird sie normalerweise nur *tube* (= Schlauch) genannt. Die erste elektrisch betriebene U-Bahn wurde 1890 eröffnet.

Eine Besonderheit ist die *Circle Line*, die den ganzen Tag im Kreis fährt. Du musst dich nur entscheiden, welche Richtung für dich die günstigste ist.

Daneben gibt es ein dichtes Busnetz. Vielleicht kennst du Bilder von den roten Doppeldeckerbussen. Bei vielen dieser Busse konnte man unterwegs, z. B. an einer Ampel, ein- und aussteigen, da hinten nur eine offene Plattform und keine Türen zu finden waren. 2005 wurde dieser legendäre *Routemaster* leider aus dem Linienverkehr entfernt und durch modernere Wagen ersetzt. Seither wird er nur noch für Touristen eingesetzt.

Sehenswürdigkeiten (*sights*)

Die Sehenswürdigkeiten von London alle aufzuzählen, würde ein ganzes Buch füllen. Zu den berühmtesten Plätzen gehören jedoch ohne Zweifel der *Trafalgar Square* mit der Nelson-Säule und der *Piccadilly Circus*, ein beliebter Treffpunkt von Jung und Alt.

Zu den bekanntesten Museen gehören das *British Museum* mit einer einzigartigen Sammlung ägyptischer Kunstschätze, der *Tower of London* mit den Kronjuwelen und *Madame Tussaud's* Wachsfigurenkabinett. Auch wenn man hier lange anstehen muss, lohnt sich ein Besuch bei den lebensechten Figuren in jedem Fall.

Unter den markantesten Gebäuden sind neben dem *Buckingham Palace*, dem Palast der englischen Königin, vor allem die *Tower Bridge* über die Themse und die *Houses of Parliament*, das Parlamentsgebäude mit dem weltberühmten Turm und dessen Glocke *Big Ben* zu nennen.

Zusammenfassung

- Mit seinen über sieben Millionen Einwohnern besitzt London, das politische, wirtschaftliche und kulturelle Zentrum Großbritanniens, ein dichtes und gut ausgebautes öffentliches Nahverkehrssystem aus U-Bahnen und Bussen, gleichzeitig ein Markenzeichen der Stadt.
- Unter den vielen Sehenswürdigkeiten Londons stechen *Madame Tussaud's* Wachsfigurenkabinett und *Big Ben* hervor.

New York

Obwohl New York nicht die Hauptstadt der Vereinigten Staaten ist (das ist Washington, D.C.), darf man sie sicherlich die bekannteste Stadt der USA nennen. New York ist eine Stadt der Gegensätze, von Arm und Reich, von Hochglanz-Wolkenkratzern und schäbigen Hinterhöfen. Eine Vielzahl von Sehenswürdigkeiten lädt zum Besuch ein. Dass New York eine Stadt mit vielen Gesichtern ist, hat sie auch den vielen Einwandern zu verdanken.

Vielfalt auf engem Raum

Meistens denkt man lediglich an *Manhattan*, wenn man von New York spricht, da hier die wichtigsten Sehenswürdigkeiten versammelt sind. Dabei sollte man nicht vergessen, dass erst zusammen mit den vier anderen Stadtteilen (*boroughs*) – *Queens*, *Brooklyn*, *The Bronx* und *Staten Island* – die ganze Breite der Gegensätze zum Ausdruck kommt. Während in *Manhattan* das Geld sitzt, ist die *Bronx* beispielsweise der Bezirk der sozial schwächeren New Yorker.

Kein anderer Ort in den Vereinigten Staaten besitzt so beeindruckende Wolkenkratzer, eine so weitläufige Grünanlage wie den *Central Park* und ein so vielfältiges Unterhaltungsangebot am *Broadway* wie *Manhattan*.

Skyline mit Central Park

Times Square

Ellis Island

Bis weit ins 20. Jahrhundert war New York das Tor, durch das viele Einwanderer hindurch mussten, um in die Vereinigten Staaten zu gelangen.
Zwischen 1892 und 1924 kamen beispielsweise etwa 12 Millionen Menschen in die USA, da sie in ihren Heimatländern aus religiösen oder politischen Gründen verfolgt wurden. Andere kamen, um am amerikanischen Traum teilhaben zu können.
Sie alle mussten sich einer strengen Prüfung durch die Einwanderungsbehörde auf *Ellis Island* unterziehen. Wer an schweren ansteckenden Krankheiten litt, wurde wieder zurückgeschickt. Viele Einwanderer blieben in New York. Heute ist Ellis Island ein viel besuchtes Museum.

9/11

Einen schweren Schock erlitt die Stadt durch die Anschläge vom 11. September 2001 (9 / 11 → 9 = September, der Tag ist nachgestellt; im Englisch gesprochen *nine-eleven*). Zwei Flugzeuge rasten in das *World Trade Center*, worauf diese in sich zusammenbrachen. Knapp 3000 Menschen fielen dem Anschlag zum Opfer. Zusammen mit zwei weiteren Selbstmordattentaten am selben Tag erschütterten sie das amerikanische Selbstverständnis. Der Glaube an die Sicherheit auf dem eigenen Kontinent ging verloren.
Heute gibt es am *Ground Zero* das *9/11 Memorial Museum* und das neue *One World Trade Center (1 WTC)*, das mit 541,3 Metern höchste Gebäude der Vereinigten Staaten.

Zusammenfassung

Auf engem Raum präsentiert sich die ganze Vielfalt und Gegensätzlichkeit New Yorks. *Manhattan* ist das Zentrum der Stadt mit den markanten Wolkenkratzern, dem *Central Park* und dem *Broadway*. Gedenkstätten auf *Ellis Island* und am *Ground Zero* erinnern an die wechselvolle Geschichte der Stadt.

Regionen der USA

Angesichts der ungeheuren Weite des Landes kann die landschaftliche Vielfalt kaum überraschen. Die Vielfalt der Landschaftstypen in Amerika reicht von den eisbedeckten Bergen in Alaska bis zu den Wüsten Kaliforniens und Arizonas. Entsprechend unterschiedlich sind auch die Lebensbedingungen der Menschen.

Der **Mittlere Westen** (z. B. in *Nebraska, Kansas*) ist geprägt von bewirtschafteten Feldern. Große Farmen und nur wenige Städte sind charakteristisch für dieses Gebiet. Hier ist das Leben eher beschaulich, Freizeitangebote für Jugendliche gibt es wenig.

Der **Nordwesten** der USA mit den Staaten *Oregon* und *Washington* ist dagegen von Wäldern durchzogen. Auch hier geht es ruhig zu.

Kalifornien, *the sunshine state* im Südwesten, vereinigt viele Gegensätze in sich. Dem eher rauen Norden mit Bergen und Wäldern stehen die Palmenstrände im Süden, die zum Baden einladen, gegenüber. Man sagt den Einwohnern Kaliforniens eine ungezwungene, beschwingte Lebensweise nach. Städte wie *San Francisco* und *Los Angeles* versprechen Abwechslung und Unterhaltung. Dabei ist vor allem an *Hollywood* und die Freizeitparks (*Disneyland, Universal Studios*) zu denken.

Nationalparks

Schon früh erkannten die Amerikaner, dass es notwendig sei, große Gebiete unter Naturschutz zu stellen, um sie vor den Gefahren des Massentourismus zu bewahren.

Die lange Liste der Nationalparks reicht vom *Everglades National Park*, einer Sumpflandschaft in Florida, bis zum *Yosemite National Park* in Kalifornien, einem Paradies für Wanderer und Bergsteiger.

Die Nationalparks sind unterschiedlich groß, können aber beträchtliche Ausmaße haben. *Denali National Park* in Alaska ist beispielsweise größer als der Bundesstaat Massachusetts.

Zu den bekanntesten Nationalparks gehören:
Grand Canyon, *Sequoia National Park*
und der *Yellowstone National Park*.

Allen Nationalparks gemeinsam ist eine beeindruckende Pflanzen- und Tierwelt. Es ist gar nicht so selten, dass man zum Beispiel auf Bären in freier Wildbahn trifft, so dass auch immer bestimmte Vorsichtsmaßregeln zu beachten sind. Die *ranger*, die es in jedem Nationalpark gibt, informieren und beraten dich, wie du dich am besten verhalten solltest.

Ein Sequoia-Baum

Zusammenfassung

Auch in Bezug auf die Landschaft ist Amerika ein Land der Gegensätze. Die Vielfalt reicht von hohen schneebedeckten Bergen bis zum Wüstenklima. Entsprechend unterschiedlich sind die Lebensweisen der Amerikaner. Gebiete von besonderer natürlicher Schönheit stehen in Nationalparks unter Schutz.

Die Erschließung des nordamerikanischen Kontinents

Die Besiedlung Amerikas begann an der Ostküste. Erst allmählich zogen die Siedler nach Westen. Dabei wurden die Indianer, auf die man traf, bekämpft und schließlich in Reservate verbannt.

Die ersten Kolonien

Englische Puritaner gründeten 1607 in *Jamestown* (*Virginia*) die erste Kolonie auf amerikanischem Boden. Ohne die Hilfe der Indianer hätten sie nicht überlebt, denn die Indianer halfen ihnen mit ihrem Wissen, das Land zu kultivieren. Noch heute erinnert *Thanksgiving* daran, wie die Indianer den ersten Siedlern (*pilgrims*) ermöglichten, über den ersten Winter zu kommen.

Der Zug nach Westen

Mit der Zeit kamen weitere Kolonien hinzu, die von immer mehr Einwandern bevölkert wurden. So wichen die Menschen immer weiter nach Westen aus. In der Mitte des 19. Jahrhunderts war daraus eine Massenbewegung geworden. Manche suchten Gold, andere gingen aus Abenteuerlust oder um Farmer zu werden.

Damals reichte die Zivilisation in den Augen der Menschen nur bis zum Mississippi: Bis dorthin konnten die Siedler die Strecke mit der Eisenbahn zurücklegen. Spätestens danach mussten sie in Trecks von bis zu einhundert Planwagen den Weg durch die Wildnis fortsetzen. Längst nicht alle erreichten ihr Ziel.

Das Schicksal der Indianer

Die nach Westen ziehenden Siedler beanspruchten das Land für sich. Angesichts der ursprünglichen Lebensweise der Indianer hielten die Weißen sie für unzivilisiert und fühlten sich im Recht, das Land den Indianern wegzunehmen.

1830 hatte die amerikanische Regierung die Indianer erstmalig gezwungen, das Gebiet bis zum Mississippi zu verlassen. Je weiter die *frontier*, die Grenze zwischen Zivilisation und Wildnis, in den folgenden Jahren nach Westen verschoben wurde, desto häufiger wurden die Indianer aus ihren Stammesgebieten vertrieben.

Mit der Fertigstellung einer Eisenbahnverbindung zwischen der Ost- und der Westküste im Jahre 1869 war das Schicksal der amerikanischen Ureinwohner besiegelt. Der Strom der Siedler war nicht mehr aufzuhalten. Einige Stämme entschlossen sich, um ihr Land zu kämpfen, doch sie waren den Weißen unterlegen. 1890 mussten sich die letzten Indianer am *Wounded Knee Creek* geschlagen geben.

Tausende von Indianern waren im Kampf gefallen, andere waren, durch Krankheiten und Hunger ausgezehrt, elend gestorben. Viele kamen noch auf dem schier unendlichen Weg von der Freiheit in die Reservate, die ihnen von den Weißen zugewiesen wurden, ums Leben. Die Reservate waren meist unfruchtbar.

Die Indianer zählen zu den Opfern der amerikanischen Siedlungsgeschichte. Von den ursprünglich ein bis zwei Millionen Indianern lebten um 1900 nur noch knapp 250 000.

Zusammenfassung

- **Von Osten her wurde der amerikanische Kontinent schrittweise besiedelt. Die erste Kolonie war Jamestown (1607).**
- **Je mehr Siedler seit der Mitte des 19. Jahrhunderts nach Westen vorstießen, desto mehr wurde der Lebensraum der Indianer beschnitten. Sie wurden als primitiv bzw. unzivilisiert betrachtet und bekämpft. Schließlich mussten sie ein trostloses Leben in unfruchtbaren Reservaten führen.**

Die Bürgerrechtsbewegung in den USA

Nachdem die Afroamerikaner aus der Sklaverei befreit worden waren, sahen sie sich jahrzehntelang einer Rassentrennung und Diskriminierung ausgesetzt. Erst die Bürgerrechtsbewegung in den 1950er und 1960er Jahren setzte dem ein Ende. Obwohl sich die Situation heute deutlich gebessert hat, ist die Benachteiligung der Afroamerikaner immer noch zu spüren.

"Separate but equal"

Das offizielle Ende der Sklaverei durch die *"Emancipation Proclamation"* (1863) bedeutete noch lange nicht, dass den Afroamerikanern gleiche Rechte zugestanden wurden. Viele weiße Amerikaner betrachteten die Afroamerikaner weiterhin als minderwertig und sprachen sich für eine klare Rassentrennung *segregation* aus. In verschiedenen Gesetzen, die vom Obersten Gerichtshof bestätigt wurden, einigte man sich auf die Formel *separate but equal*. Das bedeutete, die Afroamerikaner sollten die gleichen öffentlichen Einrichtungen wie Schulen, Toiletten, Parkbänke etc. haben wie die Weißen – aber eben getrennt von ihnen. In der Praxis waren diese Einrichtungen freilich längst nicht gleichwertig.

Montgomery Bus Boycott

Auch in Bussen hatten Afroamerikaner und Weiße unterschiedliche Sitzplätze. Als *Rosa Parks* sich 1955 in Montgomery (Alabama) weigerte, einem Weißen Platz zu machen, wurde sie verhaftet. Die Afroamerikaner boykottierten daraufhin über ein Jahr lang die öffentlichen Busse. Bei der Organisation des Boykotts machte sich der spätere Führer der Bürgerrechtsbewegung, der baptistische Prediger *Martin Luther King*, einen Namen.

Höhepunkte und Strategien der Bürgerrechtsbewegung

Wie beim Busboykott erfolgreich erprobt, setzte King auf den gewaltfreien Protest, Märsche und Sit-ins. Auf die bloße Präsenz bzw. die Verweigerung der Afroamerikaner hatten die weißen Rassisten keine andere Antwort als wahllose Verhaftungen, Wasserwerfer und Gewalt. Dies erregte weltweit großes Aufsehen.

Der Höhepunkt der Bürgerrechtsbewegung war Kings berühmte Rede "I Have a Dream" im Jahre 1963 vor 250 000 Demonstranten vor dem Lincoln Memorial in Washington. 1965 wurde Martin Luther King ermordet.

Während Martin Luther King auf den gewaltfreien Widerstand setzte und im Kampf um die Bürgerrechte unbestrittene Erfolge einfuhr (*Civil Rights Act 1964, Voting Rights Act 1965*), ging es *Malcolm X* eher um soziale Gerechtigkeit. Malcolm X war enttäuscht über die immer wieder zu beobachtende Verschleppung von Reformen unter dem Druck des passiven Widerstandes und setzte daher auf eine gewalttätige Strategie. Damit sprach er vor allem städtische Jugendliche an. Auch er fiel 1965 einem Attentat zum Opfer.

Afroamerikaner heute

Die Situation hat sich für die Afroamerikaner wesentlich verbessert. Sichtbares, hoffnungsvolles Zeichen war die Wahl Barack Obamas zum ersten Präsidenten mit afroamerikanischem Hintergrund. Dies darf jedoch nicht verdecken, dass die Diskriminierung im Alltag längst nicht vorüber ist. Afroamerikaner haben heute weiterhin eher eine unterdurchschnittliche Bildung; in Statistiken über Teenager-Schwangerschaften, Schulabbruch, Drogenmissbrauch oder Gewaltverbrechen liegen Afroamerikaner vorn. 27,4 % afroamerikanischer Familien – und damit deutlich mehr als weiße Amerikaner – leben unterhalb der Armutsgrenze.

Zusammenfassung

- Die Rassentrennung, die in der Formel "separate but equal" ihren Ausdruck gefunden hatte, wurde durch die Bürgerrechtsbewegung aufgehoben.
- Wichtige Stationen waren der Busboykott und Martin Luther Kings Rede 1963.
- Die Situation der Afroamerikaner hat sich verbessert, doch ihre Benachteiligung im Alltag ist weiter spürbar.

Das amerikanische Schulsystem

Alle Jungen und Mädchen gehen nach sechs Grundschuljahren auf eine gemeinsame weiterführende Schule, die *high school*.

Ein Tag gleicht dem anderen

Der Unterricht beginnt gegen 8 Uhr und entspricht damit eher den deutschen Gepflogenheiten. Jeder Tag beginnt mit dem *Pledge of Allegiance*, einem Eid auf die Fahne und die amerikanischen Werte, die sie verkörpert.

Amerikanische Schüler haben viel weniger Fächer als deutsche Schüler. Sie wählen pro Jahr etwa sechs Kurse aus, in welchen sie täglich unterrichtet werden.
Der Stundenplan sieht von Montag bis Freitag fast gleich aus.
Der Unterricht endet erst am Nachmittag.

Monday			Tuesday			Wednesday			Thursday			Friday		
time	min	Subj	time	min	Subj	time	min	Subj	time	min	Subj	time	min	Subj
8:40 9:35	55	Religion	8:40 9:35	55	Art	8:40 9:35	55	Gym	8:40 9:35	55	Religion	8:40 9:35	55	Gym
9:35 10:30	55	Social Studies	9:35 10:30	55	Social Studies	9:35 10:30	55	Social Studies	9:35 10:30	55	Social Studies	9:35 10:30	55	Social Studies
10:35 11:30	55	English	10:35 11:30	55	English	10:35 11:30	55	English	10:35 11:30	55	English	10:35 11:30	55	English
11:30 12:25	55	Art	11:30 12:25	55	Relgion	11:30 12:25	55	Art	11:30 12:25	55	Gym	11:30 12:25	55	Religion
12:30 1:15	45	Lunch	12:30 1:15	45	Lunch	12:30 1:15	45	Lunch	12:30 1:15	45	Lunch	12:30 1:15	45	Lunch
1:20 2:15	55	Science	1:20 2:15	55	Science	1:20 2:15	55	Science	1:20 2:15	55	Science	1:20 2:15	55	Science
2:15 3:10	55	Math	2:15 3:10	55	Math	2:15 3:10	55	Math	2:15 3:10	55	Math	2:15 3:10	55	Math

Genauso wichtig wie der Unterricht sind für amerikanische Schüler außerunterrichtliche Aktivitäten wie z. B. *cheerleading*, *drama*, *sports* und die Erstellung des *yearbook*, die nach dem Unterricht stattfinden.

Zusammenfassung

- Weiterführende Schulen in Amerika beginnen erst nach sechs Grundschuljahren.
- In der Regel gehen alle Schüler auf eine Schule (*high school*).
- Jeder Tag gleicht dem anderen. Außerunterrichtliche Aktivitäten haben eine großen Stellenwert.

9. / 10. Klasse

Future progressive und present progressive mit zukünftiger Bedeutung

Neben *will-future* und *going to-future* gibt es noch zwei weniger gebräuchliche Zeiten, um zukünftige Handlungen zu beschreiben. Dabei besteht Verwechslungsgefahr, da sowohl das *going to-future* als auch das *future progressive* und *present progressive* mit einer *-ing*-Form gebildet werden.

Bildung *future progressive*

Future progressive wird mit *will be* + *present participle* (*-ing*-Form) gebildet. Es gibt nur eine Form für alle Personen.

Bryan **will be spending** the next school year in Sydney. | *Bryan wird das nächste Schuljahr in Sydney verbringen.*

Thank God! This time next week we **will be lying** on the beach. | *Gott sei Dank! Nächste Woche um diese Zeit werden wir (schon) am Strand liegen.*

Gebrauch *future progressive*

Man verwendet *future progressive*, um länger andauernde zukünftige Ereignisse oder Handlungen zu beschreiben.

Aboriginals **will never be living** the lifestyle of white Australians. | *Aboriginals werden niemals den Lebensstil der weißen Australier haben.*

I **will be working** on my presentation all day long. | *Ich werde den ganzen Tag an meiner Präsentation arbeiten.*

future progressive oder *will-future*

Future progressive kommt besonders häufig bei *lie, listen, sit, stay, watch, wait, work* etc. vor, die eine bestimmte Dauer ausdrücken. Bei Verben wie *ask, see, start, stop*, die von kurzer Dauer sind, nimmst du *will-future*.
Beachte bei Verben, die beide Zeiten zulassen, den Bedeutungsunterschied. *Future progressive* betont die Dauer der Handlung!

future progressive	*will-future*
We'll **be staying** in New York for a week. *Wir werden eine (ganze) Woche in New York bleiben.*	We'll **stay** in New York. It's a promise. *Wir bleiben in New York. Versprochen!*

Bildung *present progressive* mit zukünftiger Bedeutung

Present progressive wird mit einer Form von *to be* + *present participle* (*-ing-*Form) gebildet.

The Greenpeace activists **are demonstrating** against waste dumping in the North Sea tomorrow.	*Die Greenpeace-Aktivisten wollen morgen gegen die Müllentsorgung in der Nordsee demonstrieren.*

Gebrauch des *present progressive* mit zukünftiger Bedeutung

Wie das *going to-future* verwendest du das *present progressive* in zukünftiger Bedeutung, um Pläne oder Absichten auszudrücken. *Present progressive* muss aber eine eindeutige Zeitangabe bei sich haben, um in die Zukunft zu weisen, da es sonst auf die Gegenwart bezogen verstanden wird.

We **are watching** "Dinner for One" on New Year's Eve.	*Wir haben vor, am Silvesterabend „Dinner for One" zu schauen.*

Going to-future und *present progressive* sehen ähnlich aus. Dies gilt insbesondere, wenn das Vollverb *to go* ist.

going to-future	*present progressive*
They **are going to** go to the cinema. *Sie haben vor, ins Kino zu gehen.*	They **are going** to the cinema this evening. *Sie wollen heute Abend ins Kino gehen.*

Für das *future progressive* wie auch für das *present progressive* ist zu beachten, dass längst nicht alle Verben *progressive*-Formen zulassen!

Zusammenfassung

- *Future progressive* und *present progressive* werden mit einer *-ing*-Form gebildet.
- *Future progressive* wird verwendet, um die Dauer einer zukünftigen Handlung zu betonen.
- *Present progressive* drückt wie *going to-future* Pläne und Absichten aus. Es muss mit einer Zeitangabe versehen sein, um in die Zukunft zu weisen.

Future perfect und future perfect progressive

Future perfect und *future perfect progressive* werden verwendet für Handlungen, die in der Zukunft abgeschlossen sein werden.

Bildung des *future perfect*

Es gibt nur eine Form für alle Personen. Du bildest *future perfect* mit *will have* + *past participle* (3. Verbform). Achte auf die Formen der unregelmäßigen Verben!

John **will have gone** home by 7 o'clock.	*John wird bis um 7 Uhr (bereits) nach Hause gegangen sein.*
Will you **have finished** the essay by Friday?	*Wirst du den Aufsatz bis Freitag fertig haben?*

Gebrauch *future perfect*

Man verwendet *future perfect*, um auszudrücken, dass eine Handlung zu einem bestimmten Zeitpunkt in der Zukunft abgeschlossen sein wird. Folgende Signalwörter deuten auf diese Verwendung hin:

Signalwörter	Beispiele
by tomorrow / Tuesday / next week / the end of the year	"I **will have corrected** your class test **by** next week Tuesday," the English teacher said. *„Ich werde eure Klassenarbeit bis Dienstag nächster Woche korrigiert haben", sagte der Englischlehrer.*
before next winter / May / year	I am sure Mark and Jenny **will have split up before** May. They argue all the time. *Ich bin sicher, dass sich Mark und Jenny (noch) vor Mai getrennt haben werden (= trennen). Sie streiten sich andauernd.*
until Christmas / 10 o'clock	You **won't have done** your homework **until** 10 p.m. if you are always looking out of the window. *Du wirst deine Hausaufgaben bis 10 Uhr nicht erledigt haben, wenn du dauernd aus dem Fenster schaust.*

Future perfect wird in der indirekten Rede zu *conditional perfect*.

direkte Rede *(future perfect)*	indirekte Rede *(conditional perfect)*
Dave asked: "Will we have eaten by 8 o'clock?" *Dave fragte: „Werden wir bis 8 Uhr mit dem Essen fertig sein?"*	Dave wanted to know whether they **would have eaten** by 8 o'clock. *Dave wollte wissen, ob sie bis 8 Uhr mit dem Essen fertig wären.*

Bildung *future perfect progressive*

Future perfect progressive wird gebildet aus *will have been + present participle* (*-ing*-Form). Die Form ist für alle Personen gleich.

In June our Pakistani neighbours **will have been living** here for exactly a decade.	*Im Juni sind es genau zehn Jahre, dass unsere pakistanischen Nachbarn hier wohnen.*
At Christmas Mike and Sheila **will have been going** out with each other for almost half a year.	*An Weihnachten werden Mike und Sheila fast ein halbes Jahr zusammen sein.*

Gebrauch *future perfect progressive*

Du brauchst *future perfect progressive,* um auszudrücken, wie lange eine Handlung zu einem bestimmten Zeitpunkt in der Zukunft angedauert hat.

How many years **will** you **have been learning** French when you leave school?	*Wie viele Jahre wirst du Französisch gelernt haben, wenn du die Schule verlässt?*
In 2016 dad **will have been working** for Microsoft for ten years.	*Im Jahre 2016 wird Papa zehn Jahre lang für Microsoft gearbeitet haben.*

Future perfect oder *future perfect progressive*

Während das einfache ***future perfect*** einen bestimmten **Zustand** in der Zukunft betrachtet, an dem eine Handlung abgeschlossen sein wird bzw. worden ist, betont das ***future perfect progressive*** die **Dauer** der abgeschlossenen Handlung.

future perfect	*future perfect progressive*
Next July Mr Jones **will have taught** with the new English book for the first time. *Im nächsten Juli wird Mr Jones zum ersten Mal mit dem neuen Englischbuch unterrichtet haben.*	Next July Mr Jones **will have been teaching** English for 35 years. *Im nächsten Juli wird Mr Jones 35 Jahre lang Englisch unterrichtet haben.*

Zusammenfassung

- Das *future perfect* (*will have + past participle*) drückt Handlungen aus, die in der Zukunft abgeschlossen sein werden.
- Das *future perfect progressive* (*will have been + present participle*) betont die Dauer der in der Zukunft abgeschlossenen Handlung.

Die Zeiten im Passiv

Passivsätze stellen eine Handlung aus einer anderen Sicht dar. Während in Aktivsätzen betont wird, wer etwas macht, steht bei Passivsätzen die Handlung im Mittelpunkt. Du benutzt Passivsätze, wenn du betonen möchtest, was passiert ist oder wenn es unwichtig ist bzw. du nicht genau weißt, wer etwas getan hat.

Passivzeiten werden mit einer Form von *to be* und dem *past participle* (3. Verbform) gebildet. Die Form von *to be* zeigt dabei die Zeit an. Passivformen können nur mit transitiven Verben (= Verben, die ein Akkusativobjekt haben) gebildet werden.

Übersicht über die Zeiten im Passiv

past perfect	
Aktiv	**Passiv (had been + *past participle*)**
They had arrested Rosa Parks for not giving her seat in a bus to a white person.	Rosa Parks **had been arrested** for not giving her seat in a bus to a white person.
simple past	
Aktiv	**Passiv (was / were + *past participle*)**
The Civil Rights Movement supported her.	She **was supported** by the Civil Rights Movement.
present perfect	
Aktiv	**Passiv (has / have been + *past participle*)**
The Montgomery bus boycott has changed America.	America **has been changed** by the Montgomery bus boycott.
simple present	
Aktiv	**Passiv (is / are + *past participle*)**
However, even today people still discriminate against African Americans.	However, even today African Americans **are** still **discriminated against.**
will-future	
Aktiv	**Passiv (will be + *past participle*)**
It will need another 50 years to overcome this situation.	Another 50 years **will be needed** to overcome this situation.

going to-future	
Aktiv	**Passiv (is / are going to be + *past participle*)**
The government is going to give African Americans a better education.	African Americans **are going to be given** a better education.
future perfect	
Aktiv	**Passiv (will have been + *past participle*)**
Someday coloured people will have achieved equality.	Someday equality **will have been achieved** by coloured people.
conditional	
Aktiv	**Passiv (would be + *past participle*)**
Martin Luther King had a dream that they would stop racism.	Martin Luther King had a dream that racism **would be stopped**.
conditional perfect	
Aktiv	**Passiv (would have been + *past participle*)**
In the end he would have pushed America in the right direction.	In the end America **would have been pushed** in the right direction.

Verlaufsformen im Passiv

Auch Zeiten in der Verlaufsform können im Passiv stehen. Allerdings werden nur Formen im *present progressive* und im *past progressive* verwendet.
Die Verlaufsformen im Passiv werden mit einer Form von *to be* + *being* + *past participle* gebildet. Die Form von *to be* zeigt die jeweilige Zeit an.

present progressive	
Aktiv	**Passiv (is / are + being + *past participle*)**
They are interviewing the president now.	The president **is being interviewed** now.
past progressive	
Aktiv	**Passiv (was / were + being + *past participle*)**
They were filming the non-violent demonstrations.	The non-violent demonstrations **were being filmed.**

Zusammenfassung

- Passivsätze werden verwendet, wenn du die Handlung betonen möchtest.
- Sie werden mit einer Form von *to be* und dem *past participle* gebildet.
- *Progressive*-Formen gibt es nur im *present progressive* und *past progressive*. Das Passiv in der Verlaufsform wird durch *being* angezeigt.

Besondere Passivkonstruktionen

Erhöhte Vorsicht ist bei nicht ganz alltäglichen Passivkonstruktionen geboten, da diese eigenen Regeln gehorchen. Dazu gehören Passivsätze bei Verben mit Präpositionen, das Passiv nach Modalverben und unpersönliche Passivkonstruktionen.

Passiv bei Verben mit Präposition

Bei Verben, die eine Präposition nach sich ziehen, steht die Präposition im Passiv **immer** unmittelbar hinter dem Verb.

Aktiv	Passiv
Jody **turned** the radio **on.** *Jody schaltete das Radio an.*	The radio **was turned on** by Jody. *Das Radio wurde von Jody angeschaltet.*
Years ago people just **threw** cans **away.** *Vor Jahren warfen die Leute Dosen einfach weg.*	Years ago cans **were** just **thrown away.** *Vor Jahren wurden Dosen einfach weggeworfen.*

Das gilt auch für feste Verbindungen von Verb + Präposition:

Aktiv	Passiv
We **took care of** the cat. *Wir kümmerten uns um die Katze.*	The cat **was taken care of.** *Man kümmert sich um die Katze.*
People always **make fun of** my German accent. *Die Leute machen sich immer über meinen deutschen Akzent lustig.*	My German accent is always **made fun of.** *Man macht sich immer über meinen deutschen Akzent lustig.*

Das Passiv nach Modalverben

Nach Modalverben wird das Passiv mit ***be + past participle*** gebildet. *Be* erscheint als Infinitiv ohne *to.*

Some people think the attack on the Twin Towers in New York **could not be prevented.**
"The press **mustn't be told** what we are planning to do," said the president.

Manche glauben, dass der Anschlag auf die Twin Towers in New York nicht verhindert werden konnte.
„Der Presse darf nicht mitgeteilt werden, was wir vorhaben", sagte der Präsident.

Das unpersönliche und das persönliche Passiv

Unpersönliche Passivkonstruktionen, in denen *it* als Ersatzsubjekt verwendet wird, klingen oft holprig und können verkürzt und damit eleganter formuliert werden, wenn man stattdessen das persönliche Passiv verwendet: Das Subjekt des *that*-Satzes rückt an den Satzanfang, aus der finiten Verbform wird ein Infinitiv.

unpersönliches Passiv	**It is said that** David Beckham **is** one of the best football players in the world. ***Man sagt, dass** David Beckham einer der besten Fußballspieler der Welt **ist.***
persönliches Passiv	David Beckham **is said to be** one of the best football players in the world. *David Beckham **soll** einer der besten Fußballspieler der Welt **sein.***

Diese Konstruktion ist nicht bei allen Verben möglich! Es sind vor allem die Verben des Denkens, Fühlens, Wissens und Vermutens, für die die obige Alternative gilt. Zu diesen gehören: *assume, believe, claim, consider, feel, find, know, report, say, suppose, tell, think, understand.*

!

Aktiv / persönliches Passiv	unpersönliches Passiv
Some people considered his political point of view dangerous.	His political point of view **was considered to be** dangerous. *Man erachtete seinen politischen Standpunkt als gefährlich.*
It is known that he gets upset easily.	He **is known to get** upset easily. *Er ist bekannt dafür, sich leicht aufzuregen.*
It was believed that his plan was impossible to carry out.	His plan **was believed to be** impossible to carry out. *Man glaubte, dass sein Plan unmöglich durchführbar sei.*

Zusammenfassung

- Verben mit festverbundenen Präpositionen bleiben im Passiv zusammen.
- Nach Modalverben steht der Passiv Infinitiv (be + *past participle*) ohne *to*.
- In unpersönlichen Passivkonstruktionen ist es besser, das Subjekt des untergeordneten Satzes nach vorn zu ziehen und das finite Verb durch einen Infinitiv zu ersetzen.

Der Infinitiv mit to

In bestimmten Konstruktionen ist es möglich, einen Infinitiv mit *to* anstelle von Fragewörtern, Relativsätzen und weiteren Konstruktionen zu verwenden.

Infinitiv nach Fragewörtern

Nach Fragewörtern wie *when*, *where*, *what* und *how* steht im modernen Englisch nicht unbedingt ein ausformulierter Nebensatz, sondern der Infinitiv mit *to*.

Nebensatz	Fragewort + Infinitiv mit *to*
Cindy asked her mother **what she should wear** for the prom.	Cindy asked her mother **what to wear** for the prom. *Cindy fragte ihre Mutter, was sie für den Ball anziehen sollte.*
The tourist guide told them **where they could find** Ayers Rock.	The tourist guide told them **where to find** Ayers Rock. *Der Touristenführer sagte ihnen, wo sie den Ayers Rock finden könnten.*
The teacher told him **how he could** improve his English.	The teacher told him **how to improve** his English. *Der Lehrer erklärte ihm, wie er sein Englisch verbessern könnte.*

In diesen Konstruktionen steht der Infinitiv häufig anstelle eines Satzes mit einem Modalverb (*can*, *should* etc.), so dass der Infinitiv vielfach mit *können* oder *sollen* übersetzt wird.

Infinitiv anstelle eines Relativsatzes mit modalem Hilfsverb

Nach einem Substantiv, das als Bezugswort für einen Relativsatz verwendet wird, entfällt das Relativpronomen mit modalem Hilfsverb und wird durch einen Infinitiv mit *to* ersetzt.

Relativsatz	Substantiv + Infinitiv mit *to*
This is the **road which will take** you right to California.	This is the **road to take** you right to California.
The **bike that must be repaired** is in the cellar.	The **bike to be repaired** is in the cellar.

Infinitiv bei Superlativen und Ordnungszahlen

Ähnlich verhält es sich bei Konstruktionen mit Superlativen oder Ordnungszahlen (z.B. *the first, the last, the best*), auf die ein Relativsatz folgen könnte. Auch hier wird häufig ein Infinitiv gebraucht.

Relativsatz	Superlativ + Infinitiv mit *to*
Reinhold Messner was **the first who climbed** Mount Everest without an oxygen mask.	Reinhold Messner was **the first to climb** Mount Everest without an oxygen mask.
Dad is usually **the last who knows** what is going on in our family.	Dad is usually **the last to know** what is going on in our family.

Infinitiv nach *want/would like*

Die Verbindung *want/would like* + Objekt + Infinitiv mit *to* drückt aus, dass das Subjekt des Satzes einen Wunsch hat:

Mr Clark **wants his daughter Ann to marry** a rich man.	*Mr Clark will, dass seine Tochter einen reichen Mann heiratet.*
Ann **would like her father to stop** telling her this all the time.	*Ann fände es gut, wenn ihr Vater aufhörte, ihr das die ganze Zeit zu sagen.*

Zusammenfassung

- Der Infinitiv mit *to* kann Fragewörter und Relativsätze mit modalem Hilfsverb ersetzen.
- Bei Konstruktionen mit Superlativen oder Ordnungszahlen wirkt er satzverkürzend.
- Werden *want/would like* durch ein Objekt ergänzt, steht danach ein Infinitiv mit *to*.

Lern-Video

Verb + Infinitiv oder Verb + gerund?

Manche Verben können sowohl einen Infinitiv als auch ein *gerund* nach sich ziehen. In vielen Fällen ist damit kein Bedeutungsunterschied verbunden: *The team started playing = started to play*. In einigen Fällen musst du allerdings aufpassen, da Infinitiv und *gerund* die Bedeutung des Verbs verändern.

to stop

To stop + Infinitiv bedeutet, dass du mit etwas aufhörst, um etwas anderes zu erledigen. *To stop* + *gerund* drückt aus, dass du aufhörst, etwas zu tun.

to stop + Infinitiv	*to stop + gerund*
Ben had been listening to music for hours, but then he **stopped to work** on his presentation for the following day. *Ben hatte stundenlang Musik gehört, aber dann hörte er damit auf, um an seiner Präsentation für den folgenden Tag zu arbeiten.*	About midnight Ben was very tired. So he **stopped working** on his presentation. *Gegen Mitternacht war Ben sehr müde. Deshalb hörte er auf, an seiner Präsentation zu arbeiten.*

to remember und *to forget*

Beziehen sich *to remember* und *to forget* auf die Vergangenheit, so musst du ein *gerund* folgen lassen. Ist aber etwas in der Gegenwart oder Zukunft gemeint, gebraucht man den Infinitiv mit *to*.

to remember + Infinitiv	*to remember + gerund*
Please **remember to buy** a birthday present for Louise! *Bitte denke daran, ein Geburtstagsgeschenk für Louise zu kaufen!*	I vaguely **remember seeing** this film at the cinema some years ago. *Ich erinnere mich vage daran, diesen Film vor Jahren im Kino gesehen zu haben.*
***to forget* + Infinitiv**	***to forget + gerund***
You shouldn't **forget to bring** along some money for our date with Sally. *Du solltest nicht vergessen, für unsere Verabredung mit Sally etwas Geld mitzunehmen.*	Have you really **forgotten apologising** to him? *Hast du wirklich vergessen, dass du dich (schon) bei ihm entschuldigt hast?*

to mean

Der Infinitiv nach *to mean* drückt aus, dass etwas beabsichtigt wird. *That means* mit *gerund* kann man übersetzen mit: *das bedeutet, dass etwas getan werden muss.*

***to mean* + Infinitiv**	***to mean + gerund***
I **meant to take** a taxi, but I couldn't find one. *Ich wollte ein Taxi nehmen, aber ich konnte keines finden.*	The buses are on strike. That **means going** by taxi. *Die Busse streiken. Das bedeutet, dass wir ein Taxi nehmen müssen.*

to try

Ist der Versuch vergeblich, so folgt auf *to try* der Infinitiv. Möchtest du dagegen ausdrücken, dass etwas neu versucht wird, musst du ein *gerund* verwenden.

***to try* + Infinitiv**	***to try + gerund***
I **tried to meet** her at the station, but I was too late. *Ich versuchte sie am Bahnhof zu treffen, aber ich war zu spät.*	I'll **try fixing** the bike myself. *Ich versuche selbst, das Rad zu reparieren.*

to go on

Folgt auf *to go on* ein Infinitiv, so wird damit ausgedrückt, dass jemand mit einer neuen Handlung fortfährt. Steht nach dem Verb ein *gerund*, so wird die alte Handlung weitergeführt.

***to go on* + Infinitiv**	***to go on + gerund***
The president **went on to talk** about his foreign policy. *Der Präsident fuhr fort und sprach über seine Außenpolitik. (= Themenwechsel)*	The president **went on talking** about his successes. *Der Präsident redete unentwegt von seinen Erfolgen (= hörte nicht auf, …).*

Zusammenfassung

Je nachdem, ob ein *gerund* oder ein Infinitiv auf *to stop, to forget, to remember, to mean, to try* oder *to go on* folgt, ändert sich die Bedeutung des Verbs.

Betonte Satzstrukturen

Manche Konstruktionen heben durch ihre syntaktisch-grammatikalische Eigenart eine Aussage hervor. Dazu gehören neben dem emphatischen *do* die Konstruktion *always + present progressive*, verstärkende Pronomen und die Inversion.

emphatic *do*

Eigentlich darf in bejahten Aussagesätzen keine Form von *to do* als Hilfsverb vorkommen. Möchte man jedoch einer Aussage Nachdruck verleihen, kann eine Form von *to do* vor dem Hauptverb eingefügt werden.

I **do** like him.	*Ich mag ihn wirklich.*
But you **did** say be back at ten o'clock.	*Aber du hast wirklich gesagt, ich soll um zehn Uhr zurück sein.*

always + present progressive

Das *present progressive* geht normalerweise nicht mit wiederkehrenden Handlungen oder allgemeingültigen Sachverhalten einher. Durch die ungewöhnliche Verwendung mit *always* kann jedoch die Verwunderung bzw. Verärgerung ausgedrückt werden.

James is **always** getting on my nerves.	*James geht mir ständig auf die Nerven.*
He is **always** arguing with his girlfriend. It's terrible.	*Er streitet sich andauernd mit seiner Freundin. Es ist furchtbar.*

Verstärkendes Pronomen

Auch ein verstärkendes reflexives Pronomen widerspricht im Grunde den geltenden Regeln der Grammatik. Es ist jedoch möglich, um eine Person oder Sache besonders hervorzuheben.

Mike **himself** told me that they had split.	*Mike selbst hat mir erzählt, dass sie sich getrennt hätten.*
The game **itself** was boring, but I liked the atmosphere.	*Das Spiel selbst war langweilig, aber ich mochte die Atmosphäre.*

Die Inversion

Ähnlich wie bei Fragen können bestimmte Adverbien am Satzanfang eine veränderte Wortstellung erzeugen. Man spricht in diesen Fällen – wenn finites Hilfsverb und Subjekt in ihrer Reihenfolge vertauscht sind – von einer Inversion.

Lern-Video

Gebrauch

Folgende negative Adverbien lösen eine Inversion aus, wenn sie zur besonderen Betonung an den Anfang eines Satzes gestellt werden. Inversionen werden vor allem im schriftlichen Sprachgebrauch verwendet.

hardly neither nor no sooner … than	never rarely seldom

Hardly did he manage to come here in time.	*Er schaffte es kaum, rechtzeitig hierher zu kommen.*
No sooner did he arrive than the musical began.	*In dem Moment, als er ankam, begann das Musical.*
Never have I seen such a brilliant performance.	*Noch nie habe ich eine solch ausgezeichnete Vorstellung gesehen.*
Seldom can you see stars like her live on stage.	*Selten kann man Stars wie sie live auf der Bühne sehen.*

Auch bei *so* wird die Inversion angewandt, obwohl dieses kleine Wörtchen nur in einem bestätigenden Zusammenhang gebraucht wird.

Brian saw Madonna in concert in Cologne. – **So did I.**	*Brian sah Madonna in ihrem Konzert in Köln. – Ich auch.*

Zusammenfassung

- Das emphatische *do, always + present participle* und verstärkende Pronomen fallen durch ihre Eigenart auf und betonen eine Figur oder einen Sachverhalt.
- Negative Adverbien und das Wort *so* rufen eine Inversion hervor, wenn sie zur Betonung an den Satzanfang gestellt werden.

Karikaturen interpretieren

Es gehört zu den grundlegenden Fähigkeiten, Karikaturen (*cartoons*) beschreiben und interpretieren zu können. Dabei musst du nicht nur das notwendige Beschreibungsvokabular beherrschen, sondern auch klar zwischen Beschreibung und Deutung trennen.

Anforderungen

Die Entschlüsselung einer Karikatur erfordert zunächst eine genaue Beschreibung dessen, was in welchem Teil des Bildes zu sehen ist.

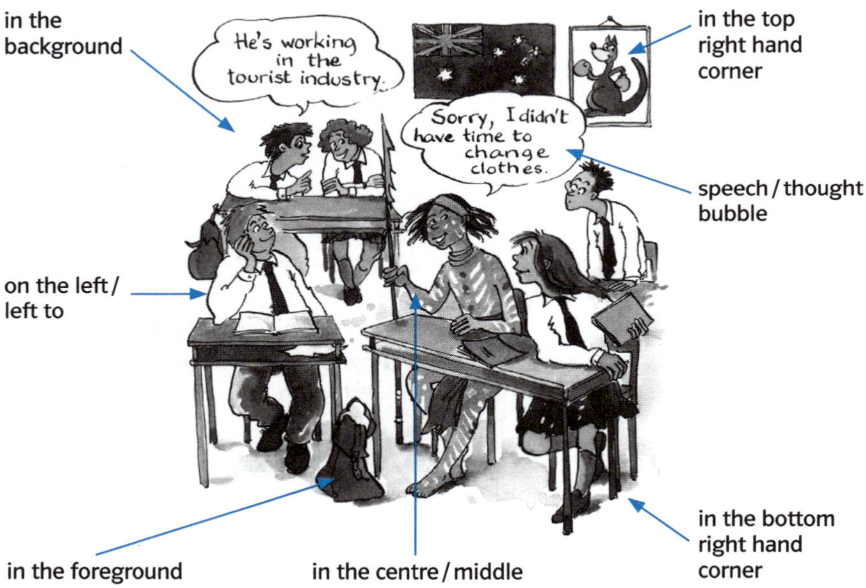

! Denke daran, dass du für Bildbeschreibungen das *present progressive* verwenden musst!

Erst nach der Beschreibung folgt eine Deutung. Hier solltest du auf
- die Absicht des Künstlers eingehen (z. B. *the cartoonist makes fun of, criticizes, the character stands for / symbolizes …)*
- die historischen Umstände der Entstehung erläutern (z. B. konkreten Anlass)
- die Karikatur in einen größeren Zusammenhang einbetten.

Für die links stehende Karikatur ist eine typische Aufgabenstellung:

Describe the cartoon in the context of the history of Australian Aboriginals.

The cartoon shows a classroom in an Australian school. This is indicated by two elements in the background. In the top right corner there is a picture with a boxing kangaroo. Next to it you can see the Australian flag. There are five pupils dressed in school uniforms with white shirts and ties, focussing on the boy in the centre of the cartoon. His outfit is typically Aboriginal, wearing traditional clothing and body paint. He is also holding a spear in his right hand. The other pupils are wondering about the boy which can be seen by their astonished looks and their reactions. In the left corner in the background someone informs his neighbour about the fact that the strange-looking boy is working in the tourist industry. The boy himself is apologizing for his unusual appearance by telling them he had no time to change clothes.	**Beschreibung**
From the speech bubbles you get the impression that the boy – no matter whether he is really of Aboriginal origin or not – is not strange or exotic, but he is only dressed like that in order to fulfil the tourists' expectations. Probably the artist of the cartoon wants to make fun of the onlooker's clichés and prejudices about today's Aboriginals.	**Deutung**
The Aboriginals have been treated very badly by the white Australian population. They were forced to give up their traditional lifestyle. Children were taken away from their parents in order to raise them up in white culture. Quite a few Aboriginals could not cope with their new way of life, as a consequence of which some became alcoholics. Others were more successful in arranging themselves with the whites, living a modern life in town. Nowadays the Aboriginals play an important role in Australia's tourist industry. People from all over the world want to see places and the culture of the Australian natives. It's time to overcome prejudices towards this group of people by having a closer look at their contemporary situation.	**Hintergrund**

Zusammenfassung

Bildbeschreibungen überzeugen nur durch die Genauigkeit der Beobachtung. Erst nachdem du beschrieben hast, was du siehst, kannst du zu einer Deutung übergehen.

Zeitungsnachrichten verfassen

Jede Zeitung hat ihr eigenes Profil hinsichtlich der Aufmachung und des Sprachstils. Prinzipiell lassen sich seriöse Zeitungen von Boulevardblättern gut unterscheiden.

Merkmale seriöser Zeitungen

Seriöse Zeitungen weisen vor allem folgende Merkmale auf:

- Die Texte zeichnen sich durch eine knappe, aber nicht reißerische Überschrift aus. Diese ist in der Regel fett und mit einer anderen Schriftgröße gedruckt, um die Aufmerksamkeit des Lesers zu wecken.
- Das Wichtigste kommt stets zuerst. Zuweilen wird der Kern der Nachricht in einem knappen abgehobenen Text vorangestellt.
- Der Stil ist sachlich, die Berichterstattung objektiv.

Ein Artikel zum Amoklauf zweier Schüler an der Columbine High School könnte folgendermaßen aussehen:

New York Times

21st April 1999

Teenagers kill 13 people at Columbine High

***(ap) Littleton, Colorado* – Two teenage students, Eric Harris and Dylan Klebold, turned their school into a scene of horror, killing 12 students and a teacher. 24 people were injured, too, before the shooters turned their guns on themselves.**

After a failed attempt to bring propane bombs to explosion in the school cafeteria, Harris and Klebold opened fire with their guns at 11.19 a.m.

Continuing their rampage in the library of Columbine High School, they were disturbed by the local police deputy sheriff who called for assistance immediately.

SWAT teams tried to help students and wounded victims to escape from the building. By 3.30 p.m. officials found the dead bodies of Harris and Klebold in the library where they had shot themselves.

The incident is the deadliest school shooting in the history of the US. It provoked a debate about gun ownership and youth violence.

Merkmale von Boulevardzeitungen

Im Gegensatz zu einer seriösen Berichterstattung setzen Boulevardzeitungen weniger auf objektive Information, sondern eher auf Dramatik und emotionale Effekte. Typische Elemente sind:

- eine zupackende, möglichst reißerische Überschrift in Riesenlettern
- Herausgreifen eines Einzelschicksals, an dem die ganze Nachricht verdeutlicht wird
- häufig direkte Rede, um zu suggerieren, unmittelbar im Geschehen zu sein
- umgangssprachliche Ausdrücke, manchmal sogar Slang, vulgäre Ausdrücke etc.
- zusammengesetzte Substantive, die einen Sachverhalt verdichten
- Nennung der beteiligten Personen beim Vornamen, um Vertrautheit zu vermitteln

Ein entsprechender, vergleichbarer Artikel auf der Titelseite einer Boulevardzeitung könnte folgendermaßen lauten:

TODAY

Monday * 21st April 1999

MASSACRE at Columbine High !!!

Shooters' suicide after killing 13 and leaving 24 wounded

Michael J. couldn't believe his eyes when he saw his two fellow students Eric Harris and Dylan Klebold pull their guns. "Go, go," the first shooter yelled, causing panic in the school cafeteria.
Michael witnessed his friend Daniel R. being shot down next to him. Wounded he managed to escape.

The shooters went into the library, shooting around them and throwing pipe bombs. Surrounded by SWAT teams they finally put their guns on themselves.
12 students and a teacher lost their lives in this massacre. Michael was one of the lucky ones.

Zusammenfassung

Seriöse Zeitungen berichten sachlich und objektiv über einen Gegenstand, Boulevardblätter setzen dagegen auf Dramatik und Einzelschicksale. Auch die Aufmachung der Zeitungen ist charakteristisch.

Filmanalyse

Die Filmanalyse untersucht in erster Linie die Mittel, die das Besondere des Mediums Film ausmachen. Kameraperspektive und Einstellung, aber auch Schauplatz (*setting*), Licht und Ton stehen im Zentrum der Analyse.

Kameraperspektive (*camera angle*)

Die Kamera lenkt die Aufmerksamkeit des Zuschauers und macht deutlich, worauf wir achten sollen. Sie beeinflusst in entscheidender Weise, wie wir eine dargestellte Situation im Film erleben.
Grundsätzlich kann die Kamera ein Ereignis aus drei Perspektiven einfangen:

- In einer *low-angle* Perspektive wird etwas von unten gezeigt. Es wirkt dadurch größer und bedrohlicher.
- Eine *eye-level* Perspektive kann Neutralität oder auch Gleichwertigkeit der Figuren ausdrücken.
- *High-level shots* eignen sich, um einen Überblick zu geben bzw. einen distanzierten Eindruck zu vermitteln.

Einstellung (*shot*)

Je nach emotionaler Intensität können Objekte unterschiedlich nah herangeholt werden. Diese kann durch Kamerabewegung (Zoom bzw. Kamerafahrt) unterstützt werden.

- **Nahaufnamen** (*close shots*) verwenden Filmemacher in Liebesszenen bzw. in besonders spannenden Sequenzen, um die emotionalen Reaktionen der Figuren besser einfangen zu können.
- **Halbtotale** können zwei Dialogpartner in ihrem Verhältnis gut darstellen. Häufig wird der Sprechende über die Schulter seines Gesprächspartners gefilmt.
- **Totale Einstellungen** (*long shots*) stellen die Figuren in einem Handlungskontext dar.

Auch die Länge bzw. der Wechsel der Einstellungen sollte analysiert werden.

Filmrezension (review)

Eine Filmrezension besteht aus zwei Teilen. Neben der Erfassung der Mitwirkenden (*director, cast*) solltest du zunächst eine knappe Beschreibung der Handlung (*plot*) und der filmischen Besonderheiten (*special effects, soundtrack, costumes* etc.) geben. Im zweiten Teil gibst du eine persönliche Beurteilung, wie gut dir der Film gefallen hat.

Titantic 3D – This time you`ll believe that you are on the ship yourself	aussagekräftiger Titel
When James Cameron directed the film "Titanic" for the first time in 1997, it won eleven Oscars including the awards for Best Picture and Best Director. Its success can be explained by the excellent acting of Leonardo di Caprio and Kate Winslet, the world famous soundtrack by James Horner (including Celine Dion's hit single) and the well-construed plot.	Mitwirkende, Fakten
Cameron uses the well-known disaster of the ship Titanic as background for the heart-breaking love-story of Jack Dawson and Rose DeWitt Bukater. As they belong to different social classes, their love is bound to fail. Moreover, Rose is engaged to an unsympathetic American steel tycoon who does not even refrain from arresting Jack in the midst of the catastrophe. When the Titanic finally sinks, Rose gets off the lifeboat in order to be with Jack.	Inhaltsangabe (present tense!) ohne das Ende zu verraten
To commemorate the hundredth anniversary of the Titanic disaster of 1912 Cameron released a 3D version of his former film. Though the special effects had been remarkable in the first edition, the 3D effects truly show the genius of its maker. After 'Avatar', which revolutionized filming with its third dimension, Cameron once again proves that he is a master of the state-of-the-art. So do not miss the film – even if you think you know it! This time you may ask yourself whether there is a lifeboat for you in your cinema.	Persönliche Kritik

Zusammenfassung

Kameraperspektive, -bewegung und Einstellungen steuern im Film die Aufmerksamkeit des Zuschauers. Eine Filmrezension enthält neben Rahmendaten und Inhalt eine persönliche Kritik.

Erörtern (einen comment schreiben)

Erörterungen *(comments)* erfordern eine argumentative Auseinandersetzung mit einer These oder Fragestellung. Hierbei musst du auf einen geordneten Aufbau achten. Darüber hinaus solltest du bestimmte sprachliche Signale verwenden, um deinen Text zu gliedern.

Anforderungen

Meist dreht es sich um Themen, die unterschiedlich betrachtet werden können, so dass also keine vorgegebene Schlussfolgerung festgelegt ist. Es ist daher deine Aufgabe,

- selbst Argumente und Gegenargumente mit Beispielen zu finden,
- diese entsprechend zu gewichten und
- zu einem persönlichen Fazit zu gelangen.

Ein Tipp:
Entkräfte die Gegenargumente gleich am Anfang, damit der Leser deine Position als letztes vor Augen hat und dadurch überzeugt wird.
Ein Beispiel soll veranschaulichen, wie du am besten vorgehst.
Thema: "Would you like to spend a school year abroad? Discuss!"

Einleitung (Beispiel / Frage, Aufgabenstellung)	Last week Thursday various possibilities of spending a year abroad were presented at school. When discussing the matter with my parents, my father thought going away was a good idea, but my mother was strictly against it. **Is it really worth trying?**
Gegenargumente entkräften	Some people – including my mother – **point** out that you might be quite lonesome. **That is probably true.** If you are rather shy and have difficulties with finding new friends, I would not recommend going alone to a foreign school. **However,** personally I find it rather easy to mix with new people.
Argumente mit Beispielen	In my opinion, one could really benefit from such a year. **Think of** how much you can learn about the foreign country and its people, their culture and daily life. **What is even more important is the fact** that there is no other way of learning another language, **for example** English. You only have to compare the hours you speak English at home with the endless opportunities in England or the United States.
Schlussfolgerung	**Summing up,** the advantages of such a stay **outweigh** possible negative experiences. If my parents let me go, I will take the chance.

Diagramme beschreiben

Vielfach musst du dich mit Diagrammen auseinandersetzen, die prozentuale oder absolute Werte miteinander vergleichen. Grundsätzlich gibt es die Möglichkeit, anstatt einer Tabelle eines von drei unterschiedlichen Diagrammen zu verwenden.

pie chart

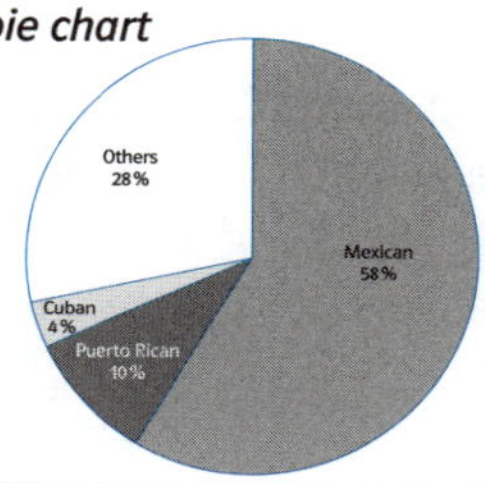

bar chart

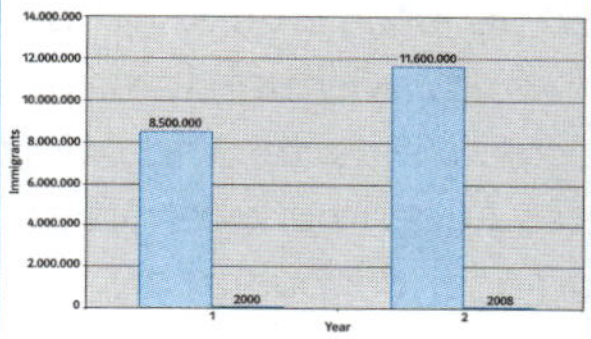

line graph

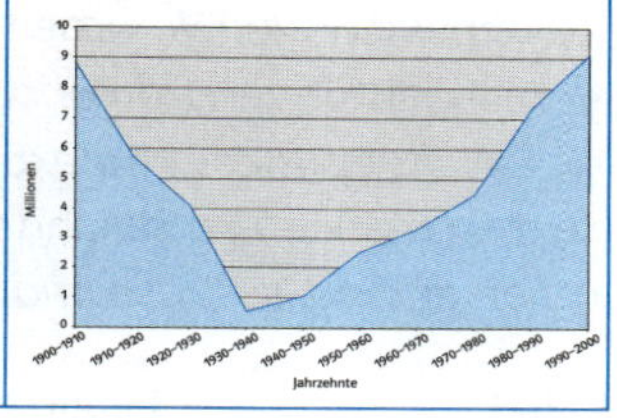

Beschreibung

Bei der Beschreibung solltest du vom Allgemeinen zum Besonderen vorgehen. Das bedeutet, dass du zunächst darstellst, worum es überhaupt geht. Beziehe dabei die Überschrift der Grafik mit ein.	The bar chart titled "Illegal Immigrants in the US" shows the growing numbers of illegal immigrants between 2000 and 2012 …
Halte in einem zweiten Schritt fest, welche Werte (prozentual / absolut) miteinander verglichen werden.	The pie chart is divided into 5 slices in which the percentage of … The absolute numbers show the relation between … Obviously, the vast majority of immigrants comes from Mexico … Nearly twice as many African-Americans as whites live under the poverty-line …
Greife nun die Besonderheiten des Diagramms heraus, um die Kernaussage herauszuarbeiten. Nicht jede Zahl ist erwähnenswert!	Generally speaking, it can be seen that the average age of graduates in the USA …

Zusammenfassung

Achte beim Verfassen eines erörternden Kommentars auf einen geordneten Aufbau (Einleitung, argumentativer Hauptteil mit Beispielen, Schlussfolgerung). Bei der Beschreibung eines Diagramms gehst du vom Allgemeinen zum Besonderen vor und gelangst dann zu einer Gesamtaussage.

Kurzgeschichten interpretieren

Bei der Interpretation von Kurzgeschichten (*short stories*) gibst du eine beschreibende Deutung des Textes. Das heißt, dass die inhaltliche Struktur im Präsens herausgearbeitet und wiedergegeben sowie durch deine interpretatorischen Kommentare ergänzt werden muss. Am Ende solltest du die tiefere Symbolik bzw. Bedeutung der Geschichte darlegen.

Vorarbeiten

Zu den wichtigen Vorarbeiten gehört, Zeit und Ort des Geschehens (*setting*), die Vorausdeutungen (*foreshadowing*), wichtige Informationen zu den Charakteren, den Wendepunkten (*unexpected twists, turning points*) der Handlung (*plot*) im Text zu markieren. Besonderes Augenmerk gehört dem Schluss der Geschichte (*open ending, surprise ending* oder *denouement*).

Titel (kündigt Thema der Geschichte an)	**Deportation at breakfast**
Setting: Frühstückscafé (alter Familienbetrieb)	The signs on the windows lured me inside. For a dollar I could get two eggs, toast, and potatoes. The place looked better than most – family-run and clean. The signs were hand-written and neat. The paper had yellowed a little, but the black letters remained bold. The name "Clara's" was written on a green-and-white awning over the door. Inside, the place had an appealing and old-fashioned look. (…) Because I was alone, I sat at the counter, leaving the empty tables free for other customers that might come in. At the time, business was quiet. Only two tables were occupied, and I was alone at the
früh morgens	counter. *But* it was still early – not yet 7:30.
Charaktere: Javier – Name und Aussehen deuten auf mexikanische Herkunft	Behind the counter was a short man with black hair, a mustache, and a youthful beard, one that never grew past stubble. He was dressed all in chef's white – pants, shirt and apron, but no hat. He had a thick accent. The name "Javier" was on his shirt. […] I ordered a coffee, and asked for a minute to choose between the breakfast special for a dollar and the cheese omelette for $1.59. I selected the omelette. The coffee was hot, strong, and fresh. I spread my newspaper and sipped at the mug as Javier went to the grill to cook my meal. The eggs were spread out on the griddle, the bread plunged inside the toaster, when the authorities came in. They grabbed Javier quickly and without a word, forcing his hands behind his back. He, too, said nothing. He did not resist, and they pushed him out the door and into the waiting car.

Interpretation

Larry Fondation's short story "Deportation at breakfast" deals with the situation of illegal immigrants in the USA. The title already foreshadows the forthcoming events as the illegal immigrant is caught by the police as a consequence of which he will probably be sent back to his home country.	Nennung von Autor und Titel; allgemeine Aussage über den Gegenstand der Geschichte
However, this is only the background for a rather funny incident from the point of view of the first-person-narrator, who accidentally enters an American diner. It's an "old	Erzählperspektive
fashioned" (l. 7) restaurant called "Clara's (l.5), whose paper signs have "yellowed a little" (l. 4), which shows that it might need some restauration or modernisation. Nevertheless, it attracts the narrator because it looks better (cf. l. 3) than most places, He likes the impression of the restaurant being "family run" (l. 3)	Setting
The story is set at 7.30 in the morning, so that there are only a few customers in the café. Sitting alone at the counter, the narrator observes a young man with "black hair, a moustache ... in chef's white" (l. 12-14). Quite important for his characterization is the fact that he has got a "thick accent" (l. 15). Last but not least his name "Javier" (l. 15), which is printed on his shirt, marking him as a Mexican immigrant.	Javiers Charakterisierung als mexikanischer Einwanderer
In the moment when Javier starts to prepare the breakfast special for the narrator, he is arrested by the "authorities" (l. 24) which is the turning-point of the short story. Interestingly the officers do not charge him with anything, but just grab him and take him to the police car. No word is spoken. So obviously Javier knows for which reason he is arrested. Probably he immigrated illegally and has no working permit. It is senseless to resist as a consequence of which he does not try to run away.	Wendepunkt: Verhaftung

Wendepunkt: Verhaftung Javiers ohne Nennung eines Grundes	On the grill, the eggs bubbled. I looked around for another employee – maybe out back somewhere, or in the restroom. I leaned over the counter and called for someone. No one answered. I looked behind me toward the tables. Two elderly men sat at one; two elderly women at the other. The two women were talking. The men were reading the paper. They seemed not to have noticed Javier`s exit.
Keine Reaktion erneuter **Wendepunkt:** Erzähler übernimmt Rolle Javiers	I could smell my eggs starting to burn. I wasn`t quite sure what to do about it. I thought about Javier and stared at my eggs. After some hesitation, I got up from my red swivel stool and went behind the counter. I grabbed a spare apron, then picked up the spatula and turned my eggs. My toast had popped up, but it was not browned, so I put it down again. While I was cooking, the two elderly women came to the counter and asked to pay. I asked what they had had. They seemed surprised that I didn`t remember. I checked the prices on the chalkboard and rang up their order. They paid slowly, fishing through large purses, and went out, leaving me a dollar tip.
	I took my eggs of the grill and slid them onto a clean plate. My toast had come up. I buttered them and put it on my plate beside my eggs. I put the plate at my spot at counter, right next to my newspaper. As I began to come back behind the counter to my stool, six new customers come through the door. "Can we pull some tables together?" the asked. "We're all one party." I told them yes. Then they ordered six coffees, two decaffeinated. I thought of telling them I didn`t work there. But perhaps they were hungry. I poured their coffee. Their order was simple: six breakfast specials, all with scrambled eggs and wheat toast. I got busy at the grill. Then the elderly men came to pay. More customers began arriving. By 8:30, I had my hands full. With this kind of business, I couldn`t understand why Javier hadn`t hired a waitress. Maybe I`d take out a help-wanted ad in the paper tomorrow. I had never been in the restaurant business. There was no way I could run this place alone. by **Larry Fondation**

The other customers – four elderly women and men – do not take notice of "Javier's exit" (l. 31) They keep on talking or reading the newspapers.	Kunden nehmen keine Notiz von Verhaftung – symbolhafte Gleichgültigkeit
As there is no other employer in the restaurant, after some hesitation the narrator himself goes behind the counter to turn his eggs. Maybe to protect his clothes he puts on a "spare apron" (l. 36), so that he looks like Javier or any other member of staff. Waiting for his breakfast to be ready, he is addressed by the two women who come to the counter in order to pay their bill. The narrator does not tell them that he is a customer only, but checks the "prices" (l. 42).	zufällige Wendung: Erzähler wird für Koch gehalten
A short time later he is again taken for someone who works at the restaurants, mainly due to his clothing and his position behind the counter. Although he thinks about telling them that he is not an employee (cf. l. 52) this time, he begins to prepare their breakfasts as "their order [is] simple" (l. 53) and the people seem to be hungry.	
By 8.30 more customers have arrived, so that the narrator gets really busy. In a surprise ending he fully absorbs Javier's role, he even presents himself as the owner of the place. In this context he thinks about hiring a "waitress" (l. 58), as there seems to be no way to "run this business alone" (l. 60).	überraschendes Ende
Putting the story in a broader context, one can state that Javier stands for the numerous people with Hispanic background who have no Green card (=working permit), are without any rights and are always on the run. As symbolized by the customers and the narrator, no one seems to care about them. They are replaced immediately.	Bedeutung / Kontext
Larry Foundation wants to raise our awareness about these people's fate.	Aussageabsicht des Autors

Zusammenfassung

Genaue Textarbeit, die mit Originalzitaten belegt werden muss, wird in der Interpretation durch deutende Kommentare ergänzt. Wichtig ist eine Kontextuierung der Geschichte, die auch die Aussage des Autors berücksichtigen sollte.

Gerunds und participles

Gerunds und *participles* sind ein Bereich der Grammatik, der immer wieder Schwierigkeiten bei der Übersetzung macht. Dies liegt einerseits daran, dass das *gerund* und das *present participle* gleich aussehen. Andererseits fällt die Übersetzung schwer, weil bei beiden Konstruktionen aus einem englischen Wort vielfach ein ganzer Nebensatz im Deutschen gebildet werden muss.

Übersetzung des *gerund* als Infinitiv oder Substantiv

Gerunds sind substantivierte Verben (Verb + *-ing*), die anstelle eines Subjekts oder Objekts stehen. Sie werden nach bestimmten Verben und besonders häufig nach Präpositionen gebraucht.
Da das *gerund* Eigenschaften sowohl eines Verbs als auch eines Substantivs hat, kann es in der Regel auf verschiedene Weisen übersetzt werden. Als Substantiv ersetzt es im Deutschen das Subjekt oder ein Objekt. Möchtest du es als Verb in einen deutschen Satz einsetzen, gebrauchst du in der Regel einen Infinitiv + *zu*.

The Aboriginals cannot get used to living in towns.

als Verb	als Substantiv
*Die Aboriginals können sich nicht daran gewöhnen, **in Städten zu leben.***	*Die Aboriginals können sich nicht an **das Leben in den Städten** gewöhnen.*

Übersetzung des *gerund* als Nebensatz

In manchen Fällen ist es allerdings möglich oder sogar notwendig, das *gerund* mit einem eingebetteten Satz mit *dass* oder anderen Konjunktionen zu übersetzen. Dies gilt insbesondere dann, wenn das *gerund* ein eigenes Subjekt besitzt.

englisch: *gerund*	deutsch: Nebensatz
I'm afraid of **being told** lies by Tom.	*Ich habe Angst davor, **dass Tom mich anlügt.***
In spite of **knowing** the truth, he pretended that he was happy.	***Obwohl er die Wahrheit wusste,** gab er vor, glücklich zu sein.*
There is no possibility of my parents **coming** home earlier.	*Es gibt keine Möglichkeit, **dass meine Eltern früher nach Hause kommen.***

Die Übersetzung von Partizipien

Man unterscheidet grundsätzlich zwischen *present participles*, die die gleiche Form wie *gerunds* haben, und *past participles*, also der dritten Verbform. Schwierigkeiten können auftauchen, wenn *participles* finite Verformen in Relativsätzen bzw. temporalen, kausalen oder konzessiven Nebensätzen ersetzen und diese verkürzen. Diese Verkürzung kann im Deutschen nicht vollzogen werden.

Present participles sind aktive Verbformen und müssen daher aktivisch übersetzt werden. *Past participles* sind dagegen passive Verbformen, deren passive Grundbedeutung auch im Deutschen beibehalten wird.

---

englisch: **durch Partizipien verkürzte Nebensätze**	**deutsch:** **ausformulierte Nebensätze**
Although **living** in the USA for 10 years, Mrs Raskov spoke very little English.	***Obwohl sie** seit 10 Jahren in den USA **lebte**, sprach Mrs Raskov wenig Englisch.*
When **arrested** for the first time, Martin Luther King worried about his family.	***Als** Martin Luther King das erste Mal **verhaftet wurde**, machte er sich Sorgen um seine Familie.*

Wenn keine Konjunktion anzeigt, um was für einen Nebensatz es sich handelt, musst du aus dem Kontext erschließen, welche Sinnrichtung der Satz hat.

Blown by the wind, the flames soon reached the roof.	***Nachdem / weil** die Flammen vom Wind angefacht worden waren, erreichten sie bald das Dach.*

Zusammenfassung

- *Gerunds* können vielfach als Infinitiv oder als Substantiv übersetzt werden. In manchen Fällen muss aus dem *gerund* im Deutschen ein Nebensatz werden.
- *Participles* verkürzen häufig Nebensätze. Bei der Übersetzung muss diese Verkürzung rückgängig gemacht werden.

Das Passiv

Passivsätze müssen nicht immer passivisch übersetzt werden, sondern können auch in einen Aktivsatz umgeformt werden. Besondere Passivkonstruktionen erfordern eigene Strategien.

Übersetzung als deutscher Aktivsatz

Natürlich ist es möglich, eine englische Passivkonstruktion auch als solche zu übersetzen. Passivsätze sind jedoch im Englischen weitaus gebräuchlicher als in der deutschen Sprache, so dass manchmal aus stilistischen Gründen eine aktivische Übersetzung besser klingt.

!

In einigen Fällen müssen bei der Übersetzung Subjekt und Objekt des Passivsatzes getauscht werden! Manchmal hilft dir im Deutschen das unpersönliche Subjekt *man*.

englischer Passivsatz	deutscher Aktivsatz
Harry was given a lift from Oxford to London by John.	*John nahm Harry von Oxford nach London mit.*
Naomi's father was taken for a popular talk-show host.	*Man hielt Naomis Vater für einen beliebten Talkmaster.*

Übersetzung besonderer Passivkonstruktionen

Bei den Passivkombinationen Subjekt + *is said to/are supposed to* + Infinitiv ist es ebenfalls sinnvoll, dies im Deutschen durch eine unpersönliche Subjektkonstruktion oder einen Einschub wiederzugeben.

The president **is said to** resign soon.	***Man sagt,*** *der Präsident trete bald zurück./Der Präsident –* ***so heißt es*** *– trete bald zurück.*
Kevin **is considered to** be the best pupil in Maths.	***Man hält*** *Kevin für den besten Schüler in Mathe.*

Present perfect und progressive-Zeiten

In der Regel kannst du die englischen Zeiten durch die gleiche Zeitform im Deutschen übersetzen. Schwierigkeiten bereiten aber oft das *present perfect* und die *progressive*-Zeiten, die keine exakte Entsprechung haben.

present perfect

Das *present perfect* wird für Handlungen verwendet, die in der Vergangenheit begonnen haben und in der Gegenwart noch andauern bzw. deren Ergebnisse noch spürbar sind. Daher musst du überlegen, ob du das *present perfect* besser im Perfekt oder Präsens im Deutschen wiedergegeben möchtest.

The standard of living **has been improved** today.	*Der Lebensstandard hat sich heute verbessert.* *Der Lebensstandard ist heute besser.*

progressive-Zeiten

Um *progressive*-Zeiten von den einfachen Zeitformen (*simple past, simple present* etc.) abzuheben, kann man ein Adverb – meist *gerade* – hinzufügen.

Sue **was having** a shower when Sarah rang.	*Sue **war gerade** unter der Dusche, als Sarah anrief.*

Die Übersetzung der Zeiten erfordert genaues Hinsehen, da ein einzelner Buchstabe schon zu einem völlig veränderten Sinn bzw. einem ganzen Fehler führen kann. Achte insbesondere auf die Unterschiede bei den verschiedenen Zeiten für die Vergangenheit.

past perfect	She **had** come home.	*Sie **war** nach Hause gekommen.*
simple past	She **came** home.	*Sie **kam** nach Hause.*
present perfect	She **has** come home.	*Sie **ist** nach Hause gekommen.*

Zusammenfassung

- Passivkonstruktionen können durchaus auch als Aktivsätze übersetzt werden.
- Das *present perfect* kann im Deutschen entweder durch Präsens oder Perfekt wiedergegeben werden.
- *Progressive*-Zeiten können durch das Adverb *gerade* verdeutlicht werden.

Veränderung der Wortart oder Satzstruktur

Nicht immer ist es günstig oder möglich, die Struktur des Englischen im Deutschen genauso zu übernehmen. Es kann viel geschickter sein, wenn du die Wortart veränderst oder auch einen langen Satz auseinander nimmst und in zwei Sätzen wiedergibst.

Veränderung der Wortart

Übersetzen ist sicherlich keine Tätigkeit, bei der man eine exakte Kopie eines Satzes in einer anderen Sprache erstellt. Dies ist aufgrund der vielen grammatischen Besonderheiten jeder Sprache auch gar nicht möglich. Daher ist es durchaus ratsam – manchmal sogar notwendig –, die Wortart zu wechseln.

The man was a **stranger** in the neighbourhood.	*Der Mann war in dem Viertel **fremd**.*
Kim and Sally had **breakfast** at 7 o'clock.	*Kim und Sally **frühstückten** um 7 Uhr.*

Folgende, häufig vorkommende Verben können beispielsweise elegant durch ein entsprechendes Adverb übersetzt werden.

englisches Verb	deutsches Adverb
to appear to	*anscheinend*
to be afraid to	*leider*
to happen to	*zufällig*
to hope to	*hoffentlich*
to be likely to	*wahrscheinlich*
to be sure to	*sicherlich*
to fail to	*nicht*
to like / love to	*gern*
to prefer to	*lieber*
to pretend to	*angeblich*
to seem to	*scheinbar*
to suppose to	*vermutlich*
used to	*früher*

Tom **failed to** pass the exam.	*Tom schaffte die Prüfung **nicht.***
Dave **pretends to** get £70 as pocket money every month.	***Angeblich** bekommt Dave 70 Pfund Taschengeld im Monat.*
Lucy **happened to** bump into Steve in Chicago.	*Lucy traf Steve **zufällig** in Chicago.*
I **hope to** find a temporary job for the summer months.	***Hoffentlich** finde ich für die Sommermonate einen Ferienjob.*

Mitunter kann man sogar mit einem Wortartwechsel aus einer **doppelten Verneinung** eine **positive** Aussage machen.

Naomi **has no difficulty** in learning languages.	*Naomi **fällt es leicht,** Sprachen zu lernen.*

Veränderung der Satzstruktur

Partizipialkonstruktionen und andere grammatische Strukturen ermöglichen teilweise sehr lange und verschachtelte Sätze, bei denen man bei der Übersetzung leicht den Überblick verliert. Eine Strategie, dies zu vermeiden, ist, aus einem Satz zwei zu machen.

The black population of Montgomery stayed off the buses, either walking or catching one of the black taxis stopping at every bus stop for 10 cents per customer – the standard bus fare.	*Die schwarze Bevölkerung von Montgomery blieb den Bussen fern. Sie liefen entweder oder sie nahmen eines des schwarzen Taxis, die an jeder Bushaltestelle hielten, für 10 Cent pro Kunde – dem normalen Busfahrpreis.*

Zusammenfassung

- Durch Veränderung der Wortart oder der Satzstruktur kann man stilistisch teilweise bessere Übersetzungen erreichen.
- Eine Reihe von Verben können im Deutschen gut als Adverb wiedergegeben werden.
- Um ein Verheddern bei der Übersetzung von verschachtelten Sätzen zu vermeiden, prüfe, ob du mehrere Sätze daraus machen kannst.

Merkmale eines guten Stils

Ein guter Stil lässt sich an bestimmten grammatischen Konstruktionen, einem differenzierten, strukturierenden Wortschatz, der Fähigkeit, Distanz zu einer Textvorlage zu schaffen und einem variantenreichen Satzbau deutlich erkennen.

In einem stilistisch guten Text sind mehrere der folgenden Konstruktionen enthalten:

gerunds
participles
Passiv
Inversion
emphatic do

gerunds

In vielen Situationen kann ein Infinitiv oder ein *gerund* verwendet werden. Stilistisch eleganter ist in der Regel das *gerund*. Dies gilt für die Stellung nach bestimmten Verben, insbesondere aber nach den Substantiven wie z. B. *reason* oder *way*.

! Nach den Substantiven *possibility*, *difficulty*, *danger* und *risk* muss ein *gerund* stehen!

I **loved** to watch / **watching** the new "James Bond" movie.	*Ich fand den neuen „James Bond"-Film toll.*
There is no **reason** to tell / **for telling** him the whole truth.	*Es gibt keinen Grund, ihm die volle Wahrheit zu sagen.*
You should use the **possibility of looking up** words in your dictionary.	*Ihr solltet die Möglichkeit nutzen, Wörter im Lexikon nachzuschlagen.*

participles

Partizipien *(present participle, past participle)* können elegant Sätze verkürzen bzw. miteinander verbinden.

After **leaving** Alice Springs, the tourists headed for Darwin.	*Nachdem die Touristen Alice Springs verlassen hatten, nahmen sie Kurs auf Darwin.*
Being impressed by the Australian landscape, they stopped several times.	*Da sie von der australischen Landschaft beeindruckt waren, hielten sie mehrfach an.*

Passiv

Insbesondere unpersönliche Passivkonstruktionen werden genutzt, um einen guten Stil zu erzeugen.

The president **is said to be** not interested in a peaceful solution.	*Man sagt, dass der Präsident an einer friedlichen Lösung nicht interessiert sei.*

Inversion

Nach negativen Adverbien zum Satzbeginn kommt es zu einer veränderten Satzstellung.

Hardly did I know him.	*Ich kannte ihn kaum.*

emphatic do

Möchtest du eine Aussage besonders betonen, kannst du der Handlung mit einem vorangestellten *do* Nachdruck verleihen. Nach *do* steht der Infinitiv.

I **do worry** about you.	*Ich mache mir wirklich Sorgen um dich.*

Zusammenfassung

Ein guter Stil lässt sich an der Breite der verwendeten grammatischen Konstruktionen ausmachen. Du solltest versuchen, *gerunds, participles,* Passivkonstruktionen, Inversionen und das emphatische *do* möglichst oft zu gebrauchen.

Wortschatz

Im Wortschatzbereich lässt sich ein guter Stil ebenfalls konkret festmachen. Auf der einen Seite ist eine gewisse Abwechslung zu erwarten, um den Leser nicht mit einer monotonen Ausdrucksweise einzuschläfern. Auf der anderen Seite solltest du deinen Text durch strukturierendes Vokabular für den Leser gliedern.

Abwechslung in der Wortwahl

Natürlich kann man nicht sprachlich variieren, wenn man keine Alternativen kennt. Es reicht häufig aber schon, sich über die Möglichkeiten mit dem Basisvokabular klar zu werden und an Punkten anzusetzen, die immer wieder in deinen Texten vorkommen.

also

Das kleine Wörtchen *auch* ist aus keiner Darlegung wegzudenken. Um nicht immer *also* schreiben zu müssen, solltest du an folgende Alternativen denken:

moreover additionally …, too	as well (n)either … (n)or on top of that

Jim had seen the bank robber **as well. Moreover,** he had looked him in the eyes. **Additionally,** he thought he'd seen the man before. He didn't know what to do **either.**	*Jim hatte den Bankräuber ebenfalls gesehen. Darüber hinaus hatte er ihm in die Augen geschaut.* *Ferner dachte er, er hätte den Mann schon vorher einmal gesehen. Er wusste auch nicht, was zu tun war.*

he said …, he said …

Durch endlose Wiederholungen des einleitenden Verbs *said* in der indirekten Rede wirken solche Passagen sehr monoton. Die folgenden Verben können dir helfen, nicht nur mehr Abwechslung zu erzeugen, sondern eine Äußerung auch viel genauer zu beschreiben:

believed thought noticed knew told	ordered informed pointed out expressed his view / opinion	claimed stated referred to asked wanted to know	inquired commanded recommended warned advised

Strukturierendes Vokabular

Von zentraler Bedeutung sind sprachliche Signale, die dem Leser helfen sollen, sich in deinem Text zurechtzufinden. Dies gilt vor allem für erörternde Darstellungen. Das folgende Vokabular verknüpft nicht nur deine Überlegungen, sondern gliedert deinen Text zum besseren Verständnis.
Das Thema des Beispieltextes ist "Computers at school".

at the beginning / to start with	**To start with,** I want to make clear that I am not against computers. But the question is whether we really need computers at school.
first ...	**First,** it seems important to note that computers determine our lives: at home, at work, in our free time. Kids grow up with them.
... second(ly)	**Secondly,** scientists are already warning of the negative effects: Kids today seem to get to know the world through the computer only. (Most often only boys become experienced users **while** girls keep a distance).
while / in contrast to that / however **on the one hand ... on the other hand**	**On the one hand,** there are a lot of learner's programs, software for school and other helpful tools, **on the other hand,** a lot of students use their computers only for playing games or writing e-mails.
so	**So** computer corners in classrooms do not seem to be a perfect solution because they cannot be properly controlled.
moreover / additionally	**Moreover,** a lot of students already know more about using computers than their teachers.
for this / these reason / s	**For these reasons** some people suggest banning computers from school. According to them, computers at school only increase the time kids spend with computers anyway. But that is no solution at all. A lot of kids need help in getting used to word processing and the internet.
as a consequence	**As a consequence** we have to find a method of using this new technology as a useful tool for research and communication.
to put it all in a nutshell / summing up / concluding	**To put it all in a nutshell,** we need computers at school. Computing is a basic cultural technique of the 21st century, comparable to writing in former times.

Zusammenfassung

- Achte im Hinblick auf einen guten Stil bei der Wiedergabe der indirekten Rede auf Abwechslung bei den einleitenden Verben.
- Vermeide die monotone Benutzung von *also*.
- Strukturierendes Vokabular hilft dem Leser, deine Ausführungen besser zu verstehen.

Sätze mit Konjunktionen

Ein eintöniger Satzbau, der nur aus kurzen Hauptsätzen besteht, gilt als schlechter Stil. Daher solltest du darauf achten, deine Sätze angemessen miteinander zu verknüpfen. Für einen variantenreichen, logisch verknüpften Satzbau, der deinen Stil prägen sollte, brauchst du Konjunktionen (Bindewörter).

after	*nachdem*
although	*obwohl*
as soon as	*sobald*
because	*weil*
before	*bevor*
but	*aber*
so that	*so dass*
when	*als, wenn*
until	*bis*

Satzgefüge können mit dem Haupt- oder mit dem Nebensatz beginnen. Die Konjunktion steht dabei immer zu Beginn des Nebensatzes.

Wenn der Nebensatz nach dem Hauptsatz steht, setzt man vor der Konjunktion im Englischen kein Komma.

After the African Americans had boycotted the buses, racial segregation slowly came to an end.	*Nachdem die Afroamerikaner die Busse boykottiert hatten, hörte die Rassentrennung langsam auf.*
Robert and Ben were still copying the English homework **although** the teacher had entered the classroom.	*Robert und Ben schrieben weiterhin die Englisch-Hausaufgaben ab, obwohl der Lehrer das Klassenzimmer betreten hatte.*
As soon as Angela Merkel arrives in Washington, she will meet President Obama at the White House.	*Sobald Angela Merkel in Washington gelandet ist, wird sie Präsident Obama im Weißen Haus treffen.*

when

Die Konjunktion *when* kann im Deutschen zwei Bedeutungen (*wenn* oder *als*) haben.

We were waiting for Sarah **when** suddenly the telephone rang.	*Wir warteten auf Sarah, als plötzlich das Telefon klingelte.*
When John is 18, he will get a car from his parents.	*Wenn John 18 ist, bekommt er von seinen Eltern ein Auto.*

Verwechsle *when* nicht mit *if*! Während *when* eine Aussage über einen Zeitpunkt macht, formuliert man mit *if* (= falls) eine Bedingung!

!

so that, but und *because*

Die Konjunktionen *so that, but* und *because* bilden eine Ausnahme, da sie nicht am Satzanfang stehen können.

Most Australians don't live near a hospital **so that** the Flying Doctor Service has to care for them.	*Die meisten Australier leben nicht in der Nähe eines Krankenhauses, so dass der „Flying Doctor Service" sich um sie kümmern muss.*

Zusammenfassung

- Konjunktionen verknüpfen stilistisch elegant Haupt- und Nebensatz eines Satzgefüges.
- Die meisten Konjunktionen können mit dem Nebensatz am Anfang des Satzes stehen, bei *but, so that* und *because* geht dies nicht.
- Bei einem nachgestellten Nebensatz steht vor der Konjunktion kein Komma.
- Vermeide einen monotonen Satzbau, der nur aus kurzen Hauptsätzen besteht!

Monarchie und politisches System in Großbritannien

Großbritannien besitzt eine konstitutionelle Monarchie. Obwohl die Königin das offizielle Staatsoberhaupt ist, verfügt sie über keine Macht.

Monarchie

Die Politik Großbritanniens wird vom englischen Premierminister (*Prime Minister*) bestimmt. In regelmäßigen Abständen gibt die Monarchin zwar eine Regierungserklärung (*Queen's speech*), doch ist diese Rede vom Premierminister geschrieben.
Trotz ihrer weitgehenden politischen Ohnmacht ist die Königin ein wichtiger Teil des politischen Systems. Zum einen verbindet sie Großbritannien mit seinen ehemaligen Kolonien; noch heute ist sie das offizielle Staatsoberhaupt von Australien, Neuseeland und Kanada. Zum anderen schwebt sie über den Parteien in Großbritannien und verbindet die Menschen. Die Monarchie erfreut sich größter Beliebtheit.

Houses of Parliament

Großbritannien verfügt über ein Zwei-Kammer-System. Im *House of Commons* (Unterhaus) sitzen die gewählten Volksvertreter, die nach einem reinen Mehrheitswahlrecht bestimmt werden. Das *House of Lords* (Oberhaus) besteht aus erblichen Adelssitzen und ernannten Fachleuten, die die Volksvertreter im Unterhaus beraten. Ihre Macht ist begrenzt.

Parteien

Durch das Mehrheitswahlrecht gibt es traditionell nur zwei Parteien im Unterhaus, wovon eine Partei stets die Regierung stellt (*Labour Party* oder *Conservatives*). Von 2010 bis 2015 gab es eine politische Ausnahmesituation, da sich die Konservativen mit einer dritten Partei, den *Liberal Democrats*, die Macht teilen mussten.

Multikulturelles Großbritannien

Seit den 1950er Jahren haben viele Menschen aus den ehemaligen Kolonien des British Empire in Großbritannien eine neue Heimat gefunden. Dies gilt insbesondere für Inder und Pakistani. Dabei haben sie ihre Essensgewohnheiten, ihre Religionen (Islam, Hinduismus), Sitten und Gebräuche mitgebraucht.

In Großbritannien hat man wenig getan, um die Einwanderer erfolgreich zu integrieren. Eine Folge davon ist – ähnlich wie in Amerika – eine Ghettobildung, in der die kulturellen Traditionen gepflegt werden. Ein Zentrum für die Einwanderer ist – neben der Hauptstadt London – vor allem das nordenglische Bradford.

Während die erste Einwanderer-Generation versuchte, sich zu assimilieren, fühlen sich nachfolgende Generationen entwurzelt. Sie gehören weder der westlich-liberalen Kultur noch der muslimischen Welt an. Die Erfahrungen von Rassismus und Diskriminierung lassen manche sogar in den Einflussbereich radikal-islamischer Fundamentalisten geraten.

Das Nebeneinander der beiden Kulturkreise ist seit jeher von Unverständnis, Ängsten und Vorurteilen begleitet gewesen. Wie brüchig dieses Verhältnis ist, hat sich durch die Londoner Anschläge vom Sommer 2005 gezeigt, die von in England geborenen Pakistani verübt wurden. Seitdem haben sich die Gräben zwischen den ethnischen Gruppen vertieft. Ein Beleg dafür sind auch die Unruhen des Jahres 2011.

Zusammenfassung

Wie die USA hat auch Großbritannien durch Einwanderer heute eine multikulturelle Gesellschaft. Der Versuch, die verschiedenen ethnischen Gruppen, ihre Kultur- und Glaubensvorstellungen zu integrieren, ist ein andauernder Prozess.

Großbritannien und Europa

Großbritanniens Verhältnis zu Europa ist seit je gespannt. Dies hat geografische, historische und politische Gründe. Insbesondere die britischen Boulevardzeitungen heizen die antieuropäische Stimmung immer wieder an.

"Geography is destiny"

Durch seine Insellage und den Ärmelkanal (*Channel*) ist Großbritannien immer vom europäischen Kontinent getrennt gewesen. Diese natürliche Isolation bestimmt bis heute das Denken der Briten.

Die Weltmacht Großbritannien

Großbritannien hat sich seit den Zeiten des British Empire im 19. Jahrhundert als Weltmacht verstanden. Durch die gemeinsame Sprache und Geschichte mit seinen ehemaligen Kolonien fühlt es sich mit diesen mehr verbunden als mit seinen europäischen Nachbarn. Deshalb richtet sich die britische Regierung auch heute noch mehr nach Amerika aus als andere Europäer.

Nationalstolz und die Europäische Union

Auch wenn Großbritannien seit 1973 der Europäischen Union angehört, besteht seit jeher ein spannungsvolles Verhältnis zwischen den britischen Inseln und dem Kontinent. Bewährte Traditionen wie die Monarchie, der Linksverkehr, die eigenen Maßeinheiten oder auch das britische Pfund sind Teil ihres Selbstverständnisses, das sie sich nicht von einer europäischen Behörde auf dem Kontinent nehmen lassen wollen.

Auf absehbare Zeit wird es deshalb nicht zu einer Einführung der europäischen Gemeinschaftswährung (Euro) in Großbritannien kommen, wo weiterhin das englische Pfund benutzt wird. Die Schwierigkeiten des Euro sind wie Wasser auf die Mühlen der Europa-Skeptiker.

Während die Labour-Party stets eine vorsichtige pro-europäische Richtung verfolgt, sind die Konservativen äußerst zurückhaltend gegenüber einer europäischen Integration. Erst 2012 hat der derzeitige britische Premierminister David Cameron einer engeren politischen Union eine klare Absage erteilt. (Fast) Als einziger legte er sein Veto gegen eine koordinierte Haushalts- und Steuerpolitik der EU ein. Europa wächst damit näher zusammen – offenbar aber ohne Großbritannien.

Europa – Eine Generationenfrage?

Die antieuropäische Stimmung ist vor allem in der älteren Generation, die den Zweiten Weltkrieg noch miterlebt hat, stark verbreitet, während junge Menschen in der Regel offener gegenüber Europa eingestellt sind.

Die Rolle der Medien

Man muss unterscheiden zwischen seriösen Tageszeitungen wie *The Times, The Guardian, The Independent* und *The Daily Telegraph* und der Klatschpresse. Die auflagenstarken Boulevardblätter (*tabloids*) wie z. B. *The Daily Mirror, The Daily Express* oder *The Sun* sind vergleichbar mit der Bildzeitung. Die *tabloids* unterscheiden sich von der seriösen Presse durch das Format, eine reißerische Sprache und den verstärkten Einsatz von Bildern. Während die seriösen Zeitungen eher pro-europäisch sind, bedienen sich die *tabloids* immer wieder antieuropäischer Klischees.

Zusammenfassung

- Aufgrund ihrer Insellage sind die Briten vom europäischen Festland getrennt und haben in dieser Isolation viele lieb gewonnene Traditionen bewahrt.
- Großbritannien versteht sich bis heute als Weltmacht an der Seite der USA. Nähe und Gemeinsamkeiten mit den europäischen Nachbarn erscheinen vielen Briten weniger wichtig.
- Die britischen Konservativen stehen einer europäischen Integration reserviert gegenüber.
- Kriegserfahrungen mit Deutschland beeinträchtigen auch heute noch das britisch-deutsche Verhältnis. Gerade die Boulevardpresse (*tabloids*) ist anti-europäisch eingestellt.

Irland

Die irische Geschichte ist geprägt von Auswanderung und dem Nordirland-Konflikt. Die christliche Kultur der Insel hat sehr tiefe Wurzeln. Musik, Guiness und Geselligkeit sind charakteristische Merkmale der heutigen Alltagskultur.

Land der Auswanderer?

Irland blickt auf eine lange Tradition der Auswanderung zurück. Neben religiösen Gründen trieb insbesondere die materielle Not viele Iren aus ihrer Heimat. Vor allem während der großen Hungersnot (*Great Famine*) der Jahre 1845–48, als die *Kartoffelernte* ausfiel, verstarb oder wanderte knapp die Hälfte der irischen Bevölkerung aus.

Viele Iren zog es in die Vereinigten Staaten. An den Namen (z. B. O'Connor, O'Reilly) vieler Amerikaner kann man ihren irischen Familienhintergrund ablesen. Heute feiern die irischstämmigen Amerikaner jedes Jahr am 17. März (*St. Patrick's Day*) den Tag ihres Stammvaters St. Patrick, der im Jahre 432 das Christentum nach Irland brachte, mit Paraden und grüner Farbe.

Lange Zeit galt Irland als das Armenhaus Europas. In den letzten Jahren hat sich die Situation jedoch sehr verbessert. In den frühen 1990er Jahren ereignete sich ein wahres Wirtschaftswunder, so dass man schon vom *Celtic Tiger* sprach. Aus diesem Grund kehrten auch viele Iren wieder in ihre Heimat zurück. Gegenwärtig leidet Irland jedoch immer noch stark an den Folgen der globalen Finanz- und Wirtschaftskrise des Jahres 2008.

Glaube und Alltagskultur

Der katholische Glaube hat traditionell eine große Bedeutung in der Republik Irland. 95 % aller Iren dort sind Katholiken und praktizieren ihren Glauben auch. Zentrales Element im Alltag der Iren ist die Musik, die entweder zu Hause oder beim Guinness, dunklem irischem Bier, in der Kneipe (*pub*) gepflegt wird. Nicht selten spielen die unterschiedlichsten Musiker zusammen – jeder kann sein Instrument mitbringen und mitmachen.

Der Nordirland-Konflikt

Der Beginn der Auseinandersetzung zwischen Katholiken und Protestanten reicht Jahrhunderte zurück. Im Zusammenhang mit Plänen, Irland zu beherrschen oder wenigstens zu kontrollieren, setzte das protestantische englische Königshaus massenhaft Siedler in den Norden Irlands inmitten der katholischen Iren. Heute sind 60% der Nordiren protestantisch.
Während die *Republic of Irland*, der südliche Teil der irischen Insel, nach blutigen Auseinandersetzungen 1921 bzw. 1949 unabhängig wurde, gehört *Northern Ireland (Ulster)* immer noch zum United Kingdom. Die katholische Terror-Organisation *IRA (Irish Republican Army)* und ihr politischer Arm *Sinn Féin* („wir selbst") kämpfen daher seit Jahrzehnten für ihre Unabhängigkeit. Seit der Stationierung von britischen Soldaten 1968 in Nordirland sind mehr als 3000 Menschen bei blutigen Auseinandersetzungen zwischen Protestanten und Katholiken ums Leben gekommen. Das *Belfast Agreement* beendete 1998 den Bürgerkrieg. Bei einem historischen Treffen im März 2007 einigten sich Protestantenführer und die katholisch-republikanische Sinn Féin auf die Bildung einer gemeinsamen Regierung in Belfast, die auf eine friedliche Lösung des jahrhundertealten Konflikts hoffen lässt.

Hauswand in Belfast

Zusammenfassung

- Lange Zeit galt Irland als Auswanderungsland. Durch die gute wirtschaftliche Entwicklung der letzten Jahrzehnte ist dieser Trend gestoppt worden. Viele Iren kehren auch zurück.
- Glaube und traditionelle Musik sind wichtige Bestandteile der irischen Kultur.
- Die eigenständige Republik Irland ist katholisch, während Nordirland von einer protestantischen Mehrheit (60%) dominiert wird, die auch weiterhin zum United Kingdom gehören möchte. Die IRA und die Sinn Féin Party kämpfen für die Rechte der Katholiken und hoffen auf eine Unabhängigkeit.

Australien

Australien beeindruckt durch das abwechslungsreiche Sydney, die unendliche Weite des *Outback* und die Unberührtheit der Natur. Der Umgang mit den Aboriginals gehört zu den schwierigen Kapiteln der australischen Geschichte.

Sydney

Sydney ist zwar nicht die Hauptstadt Australiens, doch das wirtschaftliche und kulturelle Zentrum des Landes. Es vereint viele Gegensätze. Viktorianische Bauten, die von Australiens Vergangenheit als Teil des *British Empire* erzählen, stehen architektonischen Meisterleistungen wie dem *Syndney Opera House* und der *Harbour Bridge* gegenüber.

Leben im Outback

Australien ist sehr dünn besiedelt. Insgesamt leben nur etwa 16 Millionen Menschen auf diesem Kontinent. 88 % davon wohnen in den wenigen Städten wie Sydney oder Canberra, der Rest verteilt sich auf das riesige Niemandsland (*outback*).

Die Kinder auf den vereinzelten Farmen gehen in eine besondere Schule: die *School of the Air*. Ihr Klassenzimmer ist bei ihnen zu Hause: Sie treten über E-Mail oder über Funk mit einem Lehrer in Kontakt, der viele hundert Meilen von ihnen weg sitzt, können Fragen stellen, bekommen Aufgaben und müssen Tests schreiben.
Wird jemand im Outback krank, kann er nicht zum Arzt oder in ein Krankenhaus gehen. Dafür kommt der Arzt zu ihm. Der *Flying Doctor Service* übernimmt die medizinische Versorgung dieser Menschen per Flugzeug.
Insgesamt sind die Menschen im Outback sehr auf sich selbst gestellt. Die nächste Tankstelle oder Einkaufsmöglichkeit kann unter Umständen 300 Meilen entfernt sein – von der nächsten Stadt ganz zu schweigen.

Die Aboriginals

Die Kultur der *Aboriginals* besteht seit etwa 40 000 Jahren. Sie waren ursprünglich Jäger und Sammler, die sich der Natur angepasst hatten. Die Felszeichnungen, die heute noch von ihrer Kultur zeugen, sind Belege ihrer frühen Siedlungsplätze.

Nachdem Australien von den Europäern besiedelt worden war - zunächst im 18. Jahrhundert als britische Kolonie für Strafgefangene -, wurden die als minderwertig angesehenen Aboriginals von ihrem Land vertrieben oder getötet. Erst 1993 wurden ihre Rechtsansprüche auf diese Gebiete von der australischen Regierung anerkannt und mit der Aufarbeitung des begangenen Unrechts an Generationen von Ureinwohnern begonnen.

Viele der Aboriginals kommen mit dem modernen Leben nicht zurecht. Sie sind zerrissen zwischen ihren Traditionen und den Anforderungen der heutigen Gesellschaft. Nicht wenige, die am Rande der weißen Siedlungen leben, sind alkohol- oder drogenabhängig, so dass es um die Zukunftschancen der nächsten Generation ebenfalls schlecht bestellt ist: Die Jugendlichen haben eine mangelhafte oder keine Schulbildung und wenig Aussichten auf einen Job.

Zusammenfassung

- Obwohl die meisten Australier in wenigen großen Küstenstädten leben, bestimmt das riesige Outback den Charakter des Landes. Die Menschen, die dort leben, behelfen sich mit Einrichtungen wie der *School of the Air* oder dem *Flying Doctor Service*.
- Die Ureinwohner Australiens, die Aboriginals, wurden von ihrem Land vertrieben. Ihre Rechtsansprüche wurden erst 1993 von der australischen Regierung anerkannt. Viele Aboriginals sind zerrissen zwischen ihrer traditionellen Kultur und der modernen Lebensweise.

Probleme der amerikanischen multikulturellen Gesellschaft

Seit den Anfängen sind die USA ein Einwanderungsland. Lange Zeit glaubte man, die Einwanderer würden sich vollständig assimilieren, d.h. ihre eigene kulturelle Identität aufgeben. Gegenwärtig ist vor allem die illegale Einwanderung von Hispanics ein großes Problem.

Einwanderung in die USA

Angezogen vom amerikanischen Traum, der Freiheit und Möglichkeit, vom Tellerwäscher zum Millionär zu werden, haben Millionen von Menschen seit Entstehung der Vereinigten Staaten ihre Heimat gegen die USA eingetauscht. Sie kamen, weil sie in ihren Heimatländern religiös verfolgt wurden, materielle Not litten oder sich einfach ein besseres Leben versprachen.
Wichtige Herkunftsregionen der Einwanderer sind Europa (Irland, Deutschland, Italien, Osteuropa), Asien (Vietnam, China) und Zentralamerika (z. B. Mexiko). Die aufgrund der Kolonialgeschichte spanisch sprechenden Einwanderer aus Zentral- und Mittelamerika bezeichnet man als *Hispanics*. Nicht zu vergessen sind die Afroamerikaner, die als Sklaven unfreiwillig in die USA verschleppt wurden.

Vom "melting pot" zur "salad bowl"

Lange Zeit glaubte man, dass die unterschiedlichen Einwanderer zu einer Masse verschmelzen würden (*melting pot*). Die gesellschaftliche Entwicklung hat dies jedoch als Trugschluss enttarnt. Vielfach bilden die einzelnen Einwanderungsgruppen nämlich ihre eigenen Ghettos, wie man z. B. an den Stadtteilen *Chinatown* oder *Little Italy* in New York erkennen kann. Man vergleicht deshalb heute die US-Gesellschaft eher mit einer Salatschüssel (*salad bowl*), in der die ethnischen Gruppen klar als einzelne Bestandteile erkennbar sind.

Gegenwärtige Probleme
Mittlerweile gehört die ungezügelte Einwanderung der Vergangenheit an. Quotensysteme und die Bevorzugung von ausgebildeten Fachkräften und Spezialisten verhindern vielfach den Wunsch, Bürger der Vereinigten Staaten zu werden. Längst nicht jeder ist mehr in den USA willkommen.
Dies hat zu einer massenhaften illegalen Einwanderung, insbesondere von Hispanics, geführt. Um die andauernde, unerwünschte Einwanderung zu verhindern, haben die USA einen hohen Grenzzaun an ihrer Grenze zu Mexiko errichtet.

Ein Grenzzaun aus Metall trennt Mexico und die USA wie hier bei Naco.

Die rechtliche und gesellschaftliche Stellung dieser illegalen Einwanderer ist sehr schwierig. Ohne Kranken- und Sozialversicherung können es sich viele nicht leisten, zum Arzt zu gehen. Darüber hinaus sind sie ständig der Gefahr ausgesetzt, von den Behörden aufgegriffen und abgeschoben zu werden. Ihr rechtloser Status führt dazu, dass sie sich gegen Ausbeutung nicht wehren können und so vielfach zu Dumpinglöhnen unterhalb des üblichen Mindestlohns arbeiten müssen. Die amerikanische Gesellschaft beobachtet dies zwiespältig. Einerseits nutzen viele die Situation der illegalen Einwanderer aus, andererseits wird (fälschlicherweise) behauptet, diese würden den Amerikanern die Jobs stehlen.
Nicht zuletzt hat der Terroranschlag vom 11. September 2001 dazu geführt, dass das Verhältnis zu Einwanderern muslimischen Glaubens äußerst gespannt ist, da diese potenziell einem Terrorverdacht ausgesetzt sind.

Zusammenfassung

- Die USA und GB haben durch ihre Einwanderer eine multikulturelle Gesellschaft.
- Der Versuch, die verschiedenen ethnischen Gruppen zu integrieren, ist nicht vollständig gelungen. Nach den Terroranschlägen von New York hat sich gezeigt, dass das Verhältnis zu den Einwanderern – vor allem gegenüber Muslimen – mit Ängsten und Spannungen besetzt ist.

Politisches System der USA

Das politische System wird als *checks and balances* beschrieben, da sich der Präsident, der Kongress und der Oberste Gerichtshof gegenseitig kontrollieren.

Der Präsident

Der amerikanische Präsident wird indirekt vom Volk gewählt. Getrennt nach Bundesstaaten wählen die Bürger ein Wahlmännergremium (*electoral college*), das den Präsidenten bestimmt.
Es gilt ein reines Mehrheitswahlrecht in den einzelnen Bundesstaaten. Alle Wahlmännerstimmen eines Bundesstaates gehen an einen Kandidaten. Das bedeutet, dass sehr viele Stimmen einfach wegfallen.

Beispiel: In Florida sind 54 Wahlmännerstimmen zu vergeben. 12 Millionen Menschen stimmen für Obama, 12 Millionen und einer wählen den republikanischen Kandidaten Mitt Romney. Damit gehen alle 54 Wahlmänner an den Republikaner.

Checks and Balances

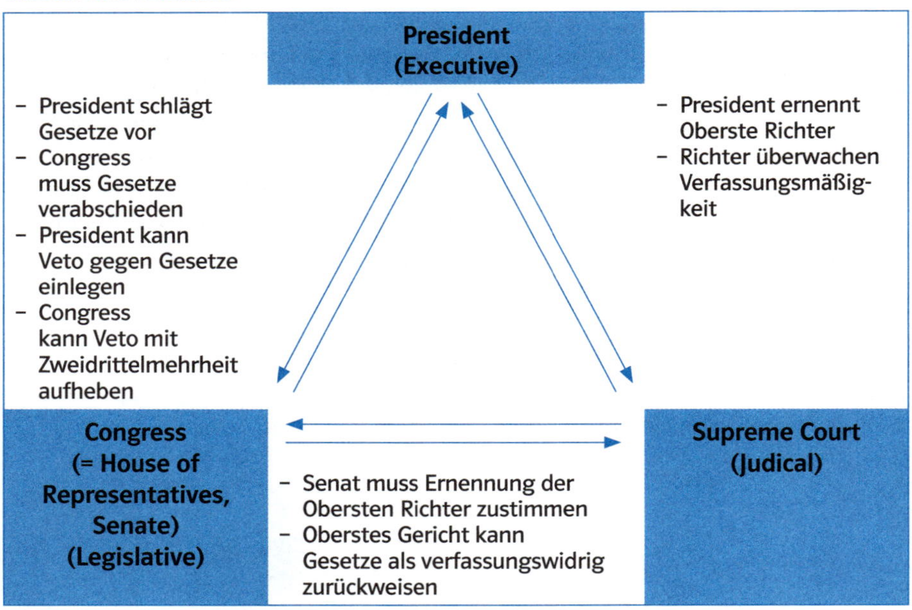

9. / 10. Klasse

Häufige Fehlerquellen

Der bestimmte Artikel the

Der Gebrauch des bestimmten Artikels *the* scheint auf den ersten Blick ziemlich einfach zu sein, da es ja nur eine Form gibt. Die Verwendung des Artikels gehört jedoch zu den häufigsten Fehlerquellen im Englischen, da es einerseits viele Ausnahmen gibt, andererseits auch Abweichungen gegenüber dem Deutschen.

Grundsätzliches

Generell gilt: **Nur** wenn eine Person oder Sache **konkret** bezeichnet wird, darfst du den bestimmten Artikel *the* verwenden!
Konkret bzw. identifizierbar werden Personen oder Dinge, wenn sie durch Gewohnheit zuzuordnen sind bzw. durch eine *of-phrase* oder einen Relativsatz näher bestimmt sind. Bei allgemeinen Aussagen über Lehrer, Musiker, Kinder etc. darf deshalb **kein** bestimmter Artikel stehen.

allgemeine Aussage	konkrete Aussage
Doctors normally earn a lot of money.	Sheila has gone to **the doctor** (zu dem sie gewöhnlich geht).
Australians are easy-going.	**The Australians** I met in Alice Springs are easy-going.
Old Greek **statues** tell us about the past.	**The Statue of Liberty** is one of New York's most famous sights.

! Ausnahmen bilden solche Fälle, in denen du eine Aussage über eine ganze Gattung machst bzw. *the* mit einem Adjektiv oder einer Nationalität zusammen gebrauchst. In diesen Fällen hat *the* ausschließlich Pluralbedeutung!

Gattung	**The polar bear** is threatened to become extinct. *Der Eisbär droht auszusterben.*
***the* + Adjektiv** (the sick, the homeless)	**The young** tend to rebel against their parents. *Die Jugend neigt dazu, gegen die Eltern zu rebellieren.*
***the* + Nationalität** (Endung auf *-ish*, *-ch* oder *-sh*)	**The English** are said to be quite reserved. *Man sagt, dass die Engländer ziemlich zurückhaltend seien.*

most ohne *the*

Aus der obigen Grundregel abgeleitet steht bei *most* im Englischen niemals der Artikel, da damit nicht genau bestimmt werden kann, wen du meinst!

Most Aboriginals have difficulties in adapting to modern life.	*Die meisten Aboriginals haben Schwierigkeiten, sich an das moderne Leben anzupassen.*

Abstrakte Substantive

Abstrakte Begriffe oder Stoffbezeichnungen benennen für sich genommen keinen konkreten Gegenstand, so dass sie ohne Artikel verwendet werden müssen. Dazu gehören: *life, time, luck, money, water, pollution*.

We had bad **luck**. It was raining all the time.	*Wir hatten Pech. Es regnete die ganze Zeit.*
Crime is a big problem in American cities.	*Kriminalität ist ein großes Problem in amerikanischen Städten.*

Konkretes Gebäude oder dessen Funktion?

Mitunter hängt es vom Kontext ab, ob der bestimmte Artikel verwendet werden muss. *School* kann sowohl den Unterricht als auch das konkrete Schulgebäude bezeichnen. Beziehst du dich auf den Unterricht (= die Funktion des Gebäudes), darfst du den bestimmten Artikel nicht verwenden.
Entsprechend werden verwendet: *university, college, church, hospital, prison*.

ohne Artikel (= Funktion)	mit Artikel (= Gebäude)
School has changed over the last 50 years.	**The school** Sarah goes to is in Lancaster Lane.
As a child I went **to church** every Sunday.	**The church** was built in gothic style.

Ähnlich verhält es sich mit *go to bed* (= schlafen gehen) bzw. *sit on **the** bed* (konkrete Sitzgelegenheit).

Zusammenfassung

- Der bestimmte Artikel *the* verweist auf eine näher bestimmte, bekannte Person oder Sache.
- Bei allgemeinen Aussagen, *most* und abstrakten Substantiven steht kein Artikel.
- Bei Gebäuden wird zwischen dem Bau selbst und der Funktion unterschieden.

Eigennamen mit oder ohne the?

Die Verwendung von Eigennamen von Personen, Firmen, Gebäuden oder geografischen Bezeichnungen ist eine Wissenschaft für sich, da sehr viele Regeln und Ausnahmen zu beachten sind.

Personennamen

Eigennamen im Singular – auch wenn sie durch ein Attribut näher bestimmt werden – bleiben ohne Artikel, während Namen im Plural *the* benötigen.

Singular (ohne *the*)	Plural (mit *the*)
President Kennedy did a lot for minorities.	**The O'Reillys** have immigrated from Ireland.
Poor Emma's grandma has died.	

Gebäude

Gebäude, die nach Personen (z. B. Victoria Station nach Queen Victoria) oder Plätzen (z. B. Canterbury Cathedral) benannt sind, werden ohne Artikel gebraucht. Die meisten anderen Gebäude wie Hotels, Theater, Museen etc. haben den bestimmten Artikel bei sich.

Gebäude ohne Artikel	Gebäude mit Artikel
Cambridge University is as famous as **Harvard**.	Bush met his guest at **the White House**.
	The Hyatt (Hotel) offers the best comfort.

Unternehmen

Während Zeitungen und Organisationen den bestimmten Artikel erfordern, bleiben andere Firmen wie z. B. Fluggesellschaften unbegleitet.

ohne Artikel: Firmen und Unternehmen	mit Artikel: Zeitungen und Organisationen
Lufthansa cancelled all flights to New York.	**The Sun** is Britain's most popular tabloid.
Ford is the second biggest car producer in the US.	The English are quite critical of **the European Union**.

Geografische Bezeichnungen

Bei geografischen Bezeichnungen gibt es unglücklicherweise keine eindeutigen Regeln. Es kommen Fälle mit und ohne Artikel vor. Pluralformen haben eher den Artikel bei sich.

ohne Artikel	mit Artikel
Kontinente: **South America** is much bigger than **Europe.**	
Ländernamen im Singular: **Australia** was a colony for prisoners.	**Ländernamen im Plural:** Today there's only one superpower left: **the United States of America.**
Staaten: **England** has got a constitutional monarchy.	**Staaten mit "Republic" oder "United":** **The Czech Republic** was founded at the end of the cold war. **The United Kingdom** consists of England, Scotland, Wales and Northern Ireland.
Städte, Straßennamen, Plätze: **Sydney** is famous for its Opera House. Shopping on **5th Avenue** is fun. Around **Times Square** there are lots of theatres.	
Inseln: **Hawaii** is an ideal place for surfing.	**Inselgruppen:** I prefer **the Bahamas** to Florida.
einzelne Berge: **Ayers Rock** is called "Uluru" in the Aboriginal language.	**Gebirge:** The glaciers in **the Alps** are melting.
Namen von Parks und Seen: **Central Park** is the best place for a rest. Where is **Lake Ontario**?	**Flüsse, Kanäle, Meere(steile):** Have you ever seen a steamer on **the Mississippi**? The tsunami started in **the Indian Ocean.**

Zusammenfassung

- Eigennamen sorgen für viel Verwirrung im Umgang mit dem bestimmten Artikel. Versuche dir jeweils einzuprägen, ob *the* stehen muss oder nicht.
- Singularausdrücke stehen eher ohne Artikel, Pluralformen haben eher *the* bei sich.

This und these, than und then

Bei diesen Wortpaaren besteht große Verwechslungsgefahr, da sie ähnlich klingen, aber nicht nur unterschiedlich geschrieben werden, sondern auch eine ganz andere Bedeutung haben.

this und *these*

Einer der häufigsten Fehler überhaupt ist mit *this* und *these* verbunden. Bei beiden Wörtern handelt es sich um Demonstrativpronomen.
This [ðɪs] ist die **Singularform** und wird mit kurzem *i* und stimmhaftem *s* ausgesprochen. Die **Pluralform** *these* [ði:z] spricht man dagegen mit langem *i* und stimmlosem *s* aus.

This environmental project will help to reduce CO_2.	*Dieses Umweltprojekt wird dazu beitragen, CO_2 zu reduzieren.*
"We take **these terrorists** seriously," the president said.	*„Wir nehmen diese Terroristen ernst", sagte der Präsident.*

than und *then*

Then ist ein temporales Adverb (*dann*), während *than* (*als*) bei Vergleichen mit Steigerungsformen von Adverbien und Adjektiven verwendet wird. Achte deshalb auf einen Komparativ oder Superlativ, um zu entscheiden, ob *than* die richtige Form ist.

I talked to a friend on the phone, **then** I continued doing my homework.	*Ich telefonierte mit einer Freundin, dann machte ich mit den Hausaufgaben weiter.*
Martin Luther King was **more important** for the Civil Rights Movement **than** Malcolm X.	*Martin Luther King war für die Bürgerrechtsbewegung bedeutender als Malcolm X.*

Live und life, die, dead und death

Diese Wörter in der englischen Sprache bereiten ebenfalls immer wieder Probleme, da die jeweiligen Verben, Adjektive und Substantive leicht verwechselt werden können.

live und *life*

Besonders Formen von *to live* und *life* führen immer zu Fehlern, da sie mitunter genau gleich aussehen. Prinzipiell ist zu beachten, dass *to live* ein Verb ist, während *life* ein Substantiv ist.

to live **(Verb)**	***life*** **(Substantiv)**
Immigrants often **live** in poverty. *Die Einwanderer leben häufig in Armut.*	Do you know the film "The **Life** of Brian"? *Kennst du den Film „Das Leben des Brian"?*
Conchita Martinez **lives** in a ghetto of Mexicans. *Conchita Martinez lebt in einem mexikanischem Ghetto.*	Before coming to the US, the **lives** of the illegal immigrants were miserable. *Bevor sie in die USA kamen, war das Leben der illegalen Einwanderer elend.*

!

Die 3. Person Singular des Verbs ist in der Schreibweise identisch mit der Pluralform des Substantivs: *lives*. Die Verbform wird jedoch [lɪvz] ausgesprochen, während die Substantivform, der Plural von *life* [laɪvz] ausgesprochen wird!

die, dead und *death*

Diese Wörter sind kaum weniger fehlerträchtig. *To die* [daɪ] ist ein Verb, *dead* [ded] ein Adjektiv und *death* [deθ] das dazugehörige Substantiv.

Thousands of American soldiers have **died** in the Iraq War.	*Tausende von amerikanischen Soldaten sind im Irakkrieg gestorben.*
Their **dead** bodies are flown to the USA.	*Ihre Leichen werden in die USA geflogen.*
Their **death** is a hard blow for their families.	*Ihr Tod ist ein harter Schlag für die Familien.*

Zusammenfassung

- Bei *this/these* und *then/than* besteht akute Verwechslungsgefahr.
- Auch bei Verben, Adjektiven und Substantiven, die Leben und Sterben im Englischen ausdrücken, kommt es leicht zu Fehlern.

Gleich klingende Wörter mit unterschiedlicher Schreibweise

Für diejenigen, die die englische Sprache lernen, ist es besonders schwierig, Wörter auseinander zu halten, die gleich ausgesprochen werden, jedoch eine unterschiedliche Schreibweise und auch Bedeutung haben.

your und *you`re*

Your ist ein Possessivpronomen (*dein*, *euer*) und begleitet ein Substantiv ohne Artikel. *You`re* dagegen ist die Kurzform von *you are* (*du bist/ihr seid*). Du kannst also an der Verwendung (z. B. Begleitet das Wort ein Substantiv?) erkennen, um welche Form bzw. Schreibweise es sich handelt.

Your English folder is green.	*Dein Englischordner ist grün.*
This is mine.	*Dieser hier ist meiner.*
**You`re** angry, aren`t you?	*Du bist verärgert, oder nicht?*

there, their und *they`re*

There besitzt die Grundbedeutung *da* bzw. *dort*. Häufig wird es in Verbindung mit *is/are* wie ein Ersatzsubjekt verwendet. Es hat dann die Bedeutung *es sind* bzw. *es gibt*. *Their* hingegen ist ein Possessivpronomen (*ihr*) und begleitet ein Substantiv. *They`re* wiederum ist die Kurzform für *they are* (*sie sind*).

There is someone in this class who knows the answer.	*Es gibt einen in dieser Klasse, der die Antwort kennt.*
Look! That`s **their** new car!	*Schau mal! Das ist ihr neues Auto!*
They`re in my tutor group.	*Sie sind in meiner Klasse.*

its und *it`s*

Its (*sein*) ohne trennenden Apostroph ist ein Possessivpronomen. *It`s* (*es ist*) ist die Kurzform für *it is*.

**It`s** Janet`s birthday today.	*Es ist heute Janets Geburtstag.*
The little child plays with **its** toys.	*Das kleine Kind spielt mit seinen Spielsachen.*

two, to, und *too*

Das Zahlwort *two* (*zwei*) wird weniger häufig als die beiden anderen verwechselt. *To* (*nach*) ist eine Präposition, die ein Ziel angibt. *Too* im Sinne von *auch* steht gewöhnlich am Endes eines Satzes. Es kann aber auch bei Vergleichen im Sinne von *zu* (*groß etc.*) gebraucht werden.

Two pupils entered the classroom.	*Zwei Schüler betraten das Klassenzimmer.*
They went from London **to** Nottingham by train.	*Sie fuhren von London nach Nottingham mit dem Zug.*
I have got a new bike, **too**.	*Ich habe auch ein neues Fahrrad.*
100 Euro? That`s **too** expensive.	*100 Euro? Das ist zu teuer.*

who`s und *whose*

Who`s (*wer ist*) ist die Kurzform für *who is*. *Whose* (*wessen, dessen*) zeigt Besitz oder Zugehörigkeit an und begleitet immer ein Substantiv.

Who`s next?	*Wer ist der Nächste?*
That`s the boy **whose** father repaired our car.	*Das ist der Junge, dessen Vater unser Auto reparierte.*

Weitere Wörterpaare, bei denen Verwechslungsgefahr besteht, in einer Übersicht:

blue blew	blau wehte	knew new	wusste neu
by buy bye	von, mit kaufen tschüss	red read	rot las
cent sent	Cent sendete	threw through	warf durch
hour our	Stunde unser	wood would	Wald, Holz würde
know no	wissen nein		

Zusammenfassung

Gleich klingende Wörter lassen sich nur aus dem Zusammenhang erschließen. Achte deshalb darauf, wie und wann sie verwendet werden. Vielfach sind es Kurzformen von *be*, die eine Verwechslungsgefahr bringen.

Die Satzstellung mit there

Im Deutschen ermöglichen die Kasusendungen einen äußerst variantenreichen Satzbau. Adverbiale Bestimmungen am Anfang eines Satzes verändern in der Regel die Satzstellung, so dass Subjekt und Prädikat vertauscht sind. Die englische Sprache folgt aber auch hier dem strengen Muster „Subjekt – Prädikat – Objekt (S – P – O)". Gegebenenfalls muss das unpersönliche Subjekt *there* eingefügt werden.

Adverbiale Bestimmungen am Satzanfang

Steht eine adverbiale Bestimmung der Zeit oder des Ortes am Satzanfang, weichen englische und deutsche Wortstellung voneinander ab. Die englische Sprache bleibt bei der Satzstellung S – P – O, im Deutschen kommt es zu einer Inversion.

Yesterday **Queen Elizabeth visited** Australia.
In Ireland **pubs close** at 11 p.m.

Gestern ***besuchte Königin Elisabeth*** *Australien.*
In Irland ***schließen die Kneipen*** *um 23 Uhr.*

Deutsche und englische Satzstellung mit unpersönlichem Subjekt im Vergleich
In manchen Fällen möchte man einfach eine Tatsache betonen. Dabei hilft dir das unpersönliches Subjekt *there* + *to be*. Bei der Satzstellung kommt es häufig zu Fehlern.

deutsche Satzstellung				
adverbiale Bestimmung		**Prädikat**	**Subjekt**	**Objekt**
Im März nächsten Jahres		*gibt*	*es*	*die nächsten Champions-League-Spiele.*
englische Satzstellung				
adverbiale Bestimmung	**Subjekt**	**Prädikat**		**Objekt**
In March next year	there	will be		the next Champions League matches.

! In den meisten Fällen wird *there* + *to be* im Deutschen nicht mit einer Form von *sein* wiedergegeben, sondern mit der unpersönlichen Formel *es gibt*!

Niemals would im if-Satz

Da in *if*-Sätzen Bedingungen gestellt werden, bei denen im Deutschen der Konjunktiv steht, neigen deutsche Sprecher dazu, *would* im Nebensatz mit *if* zu verwenden. *If* und *would* gehen jedoch nicht zusammen.

would nur im Hauptsatz

If-Sätze bestehen generell aus einem Nebensatz, der mit *if* beginnt und in dem eine Bedingung ausgedrückt wird, und einem Hauptsatz, in dem eine Folge genannt wird. *Would* kann nur im Hauptsatz stehen, und zwar nur in den *if*-Satz Typen II und III, wenn unwahrscheinliche oder unmögliche Folgen formuliert werden:

Nebensatz *(if + simple past / past perfect)*	**Hauptsatz** *(conditional / conditional perfect)*
If my parents let *(simple past!)* me go, *Wenn meine Eltern es erlaubten (= erlauben würden),*	I **would come along** to the concert. *würde ich mit zum Konzert gehen.*
If M. L. King had not been murdered, *Wenn M. L. King nicht ermordet worden wäre,*	he **would have achieved** even more. *hätte er noch mehr erreicht.*

Zusammenfassung

Achte streng auf die englische Satzstellung S – P – O! Insbesondere, wenn du eine adverbiale Bestimmung an den Anfang setzt, kommt es häufig zu Fehlern, die du mit Hilfe des Ersatzsubjekts *there* vermeiden kannst.
Would steht niemals im Nebensatz mit *if*, sondern nur im Hauptsatz bei Typ II und III.

Verlaufsformen sind seltener, als man denkt

Vielen ist nicht klar, wann man eigentlich die *progressive*-Zeiten verwenden muss. Sie kommen seltener vor, als du vielleicht denkst, nämlich nur in drei Fällen.

Bildbeschreibungen

Für die Beschreibung von Fotos, Karikaturen oder anderen Bildern nimmst du *present progressive:*

In the picture you can see an Indian who **is fighting** against a white soldier.	*Auf dem Bild kann man einen Indianer sehen, der gegen einen weißen Soldaten kämpft.*

Hintergrundhandlungen

Du verwendest z. B. *present progressive* oder *past progressive* dann, wenn du eine Handlung beschreiben möchtest, die zum Zeitpunkt des Sprechens schon begonnen hat und in dem Moment der Äußerung noch andauert:

John cannot come. He **is doing** his homework at present. Robert **was reading** a book, when the telephone rang.	*John kann nicht kommen. Er macht gerade im Moment seine Hausaufgaben.* *Robert las gerade ein Buch, als das Telefon klingelte.*

Dauer einer Handlung

Möchtest du die Dauer einer Handlung in der Vergangenheit betonen, helfen dir *present perfect progressive* bzw. *past perfect progressive:*

The fans **had been waiting** for many hours before the match began.	*Die Fans hatten mehrere Stunden lang gewartet, bevor das Spiel begann.*

!

Bei abgeschlossenen oder wiederkehrenden Handlungen ist es grundsätzlich falsch, das *progressive* zu benutzen.
Achte darauf, dass es einige Verben gibt, die kein *progressive* zulassen.
Im Passiv gibt es nur Formen des *present progressive* und des *past progressive.*

„He, she, it – das -s muss mit!"

Seit den Anfängen des Englischunterrichts hast du diesen Spruch sicherlich oft genug gehört, dennoch vergisst man immer wieder diese Besonderheit. Hier deshalb noch einmal alle Regeln in Kürze.

simple present-Formen im Aussagesatz

Für alle Personen – außer der 3. Person Singular – nimmst du im *simple present* die Grundform. Bei Namen oder Pronomen in der 3. Person Singular fügst du ein -*s* an die Verbform.

Emma **takes** the train at 5.30.	*Emma nimmt den Zug um 5.30 Uhr.*

Fragen

Die Endung -*s* für die 3. Person Singular wird **nur einmal** im Satz angezeigt. Benötigst du für eine Frage eine Form von *to do* oder *to have*, muss **das -*s* ins Hilfsverb!**

Has Mary got a boyfriend?	*Hat Mary einen (festen) Freund?*
Does he go out with Sally?	*Geht er mit Sally?*

Verneinung

Ähnliches gilt für verneinte Sätze. Nach *does* steht der Infinitiv.

Peter **doesn't** believe me.	*Peter glaubt mir nicht.*

Zusammenfassung

- Häufige Fehler im Umgang mit Verbformen entstehen aus dem falschen Gebrauch des *progressive*. *Progressive*-Zeiten werden verwendet, um Hintergrundhandlungen oder ein Bild zu beschreiben oder eine bestimmte Dauer auszudrücken.
- Im *simple present* musst du darauf achten, bei der 3. Person Singular ein -*s* zu setzen.

For und since

For und *since* heißen im Deutschen beide *seit*, werden aber in unterschiedlichen Zusammenhängen verwendet.

for

For bezieht sich auf den **Zeitraum**, den eine Handlung bereits andauert. Es bleibt unklar, wann die Handlung angefangen hat. Eine sinnvolle Frage bezieht sich auf die Dauer (*how long?*).

He had been waiting **for** years for his wife to return to him.	*Er hatte jahrelang darauf gewartet, dass seine Frau zu ihm zurückkehrte.*
Sarah has been crying **for** hours because Tim has dumped her.	*Sarah weint schon seit Stunden, weil Tim mit ihr Schluss gemacht hat.*

since

Since bezieht sich auf den **Zeitpunkt**, an dem eine Handlung begonnen hat. Die Dauer ist nicht von Belang. Eine sinnvolle Frage versucht, den Zeitpunkt des Beginns herauszufinden (*Since when?*).

The situation of African Americans has improved a lot **since** Martin Luther King's famous speech "I have a dream".	*Die Situation der Afroamerikaner hat sich seit Martin Luther Kings berühmter Rede „I have a dream" sehr verbessert.*

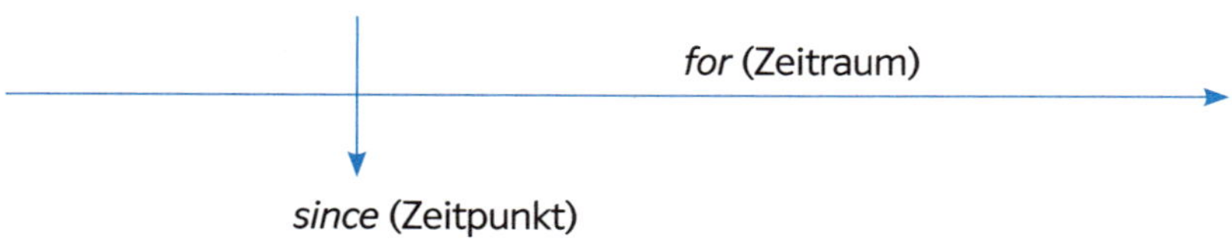

! *For* und *since* werden meist mit *present perfect progressive* bzw. *past perfect progressive* verwendet, da damit am besten ausgedrückt werden kann, dass die Handlung zum Sprechzeitpunkt noch nicht abgeschlossen ist und die Dauer betont wird.

Die Zeitverschiebung in der indirekten Rede

Da die indirekte Rede im Deutschen anders funktioniert als im Englischen, ergeben sich bei der Zeitverschiebung, die im Englischen oft nötig ist, häufig Schwierigkeiten. Grundsätzlich gilt:

> Wenn das einleitende Verb (z. B. *said, informed* …) in der Vergangenheit steht, müssen alle Zeiten um eine Stufe in die Vergangenheit zurückverschoben werden!

Aussagen über die Gegenwart werden ins *simple past* gesetzt. Alle Zeiten der Vergangenheit werden ins *past perfect* gesetzt!

direkte Rede	indirekte Rede
The English teacher: "Al Capone **was** the most wanted criminal of his time."	The English teacher claimed that Al Capone **had been** the most wanted criminal of his time.
James to his friend: "**Have** you **seen** the film 'The Untouchables'?"	James wanted to know whether his friend **had seen** the film "The Untouchables".

Denke an die besondere Satzstellung (S – P – O) auch im Nebensatz!

!

Reflexive Verben im Deutschen und Englischen

Längst nicht alle Verben, die im Deutschen ein Reflexivpronomen bei sich haben, werden auch im Englischen reflexiv gebraucht. Zu diesen Verben, die eben nicht mit Reflexivpronomen verwendet werden, gehören z. B.: *meet, feel, remember, sit down, shave, wonder*.

We **met** in front of the Empire State Building.	*Wir **trafen uns** vor dem Empire State Building.*
I will always **remember** the summer of 2006.	*Ich werde **mich** immer an den Sommer 2006 **erinnern**.*

Zusammenfassung

- *For* verwendet man, um eine Zeitdauer zu benennen, *since* für einen Zeitpunkt. Bei beiden steht das *present* bzw. *past perfect*.
- Achte auf die richtige Zeitverschiebung in der indirekten Rede.
- *Progressive*-Zeiten und reflexive Verben sind seltener, als man denkt.

Überblick über die Zeiten der Vergangenheit

Vorvergangenheit

Zeit	*past perfect progressive*	*past perfect*	*past progressive*
Gebrauch	(1) Handlungen, die irgendwann in der Vorvergangenheit angefangen hatten und in der Vergangenheit noch andauerten (2) Betonung der Dauer solcher Handlungen	(1) vorzeitige Handlungen, die in der Vergangenheit bereits beendet waren (2) *if*-Sätze Typ III bzw. unerfüllbare Wünsche (if only …)	(1) Handlungen, die zum Zeitpunkt des Sprechens in der Vergangenheit bereits begonnen hatten und noch nicht vorüber waren (2) Hintergrundhandlungen in der Vergangenheit
Aktiv	Bob **had been downloading** a song. *Bob war gerade dabei gewesen, einen Song herunterzuladen.*	Bob **had downloaded** a song. *Bob hatte einen Song heruntergeladen.*	While Bob **was downloading** a song, the telephone rang. *Während Bob gerade einen Song herunterlud, klingelte das Telefon.*
Passiv		A song **had been downloaded** by Bob.	A song **was being downloaded** by Bob.
Signalwörter	for, since	after, before	while, when

Vergangenheit → Gegenwart

simple past	*present perfect progressive*	*present perfect*
(1) abgeschlossene Handlungen in der Vergangenheit (2) wiederholte, regelmäßige Handlungen in der Vergangenheit (3) aufeinanderfolgende Handlungen	(1) Handlungen, die in der Vergangenheit begonnen haben und in der Gegenwart noch andauern (2) ebensolche Handlungen, deren Dauer betont werden soll	(1) Handlungen, die in der Vergangenheit begonnen haben und in der Gegenwart noch andauern (2) vergangene Handlungen, deren Ergebnis (noch) in der Gegenwart spürbar ist
Bob **downloaded** a song. *Bob lud einen Song herunter.*	Bob **has been downloading** a song for half an hour now. *Bob lädt schon seit einer halben Stunde einen Song herunter.*	Bob **has** never **downloaded** a song before. *Bob hat bis jetzt noch nie einen Song heruntergeladen.*
A song **was downloaded** by Bob.		A song **has** never **been downloaded** by Bob.
yesterday, last week / month / year, ... ago, then, after that, suddenly	for, since	never, ever, already, just, (not) ... yet

Die Zeiten im Überblick

Überblick über die Zeiten der Gegenwart und Zukunft

Gegenwart → Zukunft

Zeit	*present progressive*	*simple present*		
			going to-future	*will-future*
Gebrauch	(1) Handlungen, die im Augenblick des Sprechens / in der Gegenwart noch nicht vorüber sind (2) Handlungen, die in die Zukunft weisen	(1) dauerhafte Handlungen (2) wiederholte, regelmäßige Handlungen in der Gegenwart (3) aufeinanderfolgende Handlungen (4) gegenwärtige Handlungen, die in die Zukunft weisen	(1) geplante zukünftige Handlungen (2) Ereignisse in naher Zukunft (Anzeichen sind bereits gegeben)	(1) zukünftige Ereignisse, die unabhängig von deinen Plänen sind (2) Erwartungen, Hoffnungen, Voraussagen (3) spontane Entscheidungen (4) Hauptsätze in Bedingungssätzen (*if*-Sätze Typ I)
Aktiv	Bob **is downloading** a song. *Bob lädt gerade einen Song herunter.*	Bob **downloads** a song every day. *Bob lädt jeden Tag einen Song herunter.*	Bob **is going to download** a song. *Bob hat vor, einen Song herunterzuladen.*	Bob **will download** a song. *Bob wird einen Song herunterladen.*
Passiv	A song **is being downloaded** by Bob.	A song **is downloaded** by Bob every day.	A song **is going to be downloaded** by Bob.	A song **will be downloaded** by Bob.
Signalwörter	now, at this moment, this morning / afternoon, today	seldom, always, never, usually, every morning / day, the next day		einleitende Verben: expect, believe, hope, think, be sure

Wünsche

future progressive	***future perfect***	***future perfect progressive***		
			conditional	***conditional perfect***
Handlungen, die in der Zukunft eine gewisse Dauer haben	Handlungen, die in der Zukunft beendet werden	Handlungen, die in der Zukunft beendet werden und deren Dauer betont werden soll	(1) Wünsche oder Empfehlungen für die Zukunft (2) Hauptsätze in Bedingungssätzen (*if*-Sätze Typ II)	(1) Handlungen, die gewesen sein könnten (2) unerfüllbare Wünsche (3) Hauptsätze in Bedingungssätzen (*if*-Sätze Typ III)
Bob **will be downloading** a song. *Bob wird ein Lied herunterladen.*	Bob **will have downloaded** a song by tomorrow. *Bob wird bis morgen ein Lied heruntergeladen haben.*	Bob **will have been downloading** a song. *Bob wird ein Lied heruntergeladen haben.*	I wish Bob **would download** my favourite songs. *Ich wünschte, Bob würde meine Lieblingssongs herunterladen.*	If I were Bob, **I would have downloaded** more songs. *An Bobs Stelle hätte ich mehr Songs heruntergeladen.*
	By tomorrow a song **will have been downloaded** by Bob.		I wish my favourite songs **would be downloaded** by Bob.	A song **would have been downloaded** by Bob.
Verben, die eine bestimmte Dauer ausdrücken	by tomorrow, until Christmas, before May	Verben, die eine bestimmte Dauer ausdrücken		

Unregelmäßige Verben

infinitive	*simple past*	*past participle*	*Bedeutung*
be	was / were	been	sein
beat	beat	beaten	schlagen
become	became	become	werden
begin	began	begun	beginnen
bend	bent	bent	(sich) bücken, biegen
blow	blew	blown	blasen, wehen
break	broke	broken	brechen
bring	brought	brought	bringen
burn	burned / burnt	burned / burnt	brennen
build	built	built	bauen
buy	bought	bought	kaufen
cast	cast	cast	eine Rolle vergeben
catch	caught	caught	fangen
choose	chose	chosen	auswählen
come	came	come	kommen
cost	cost	cost	kosten
cut	cut	cut	schneiden
do	did	done	tun, machen
draw	drew	drawn	zeichnen
drink	drank	drunk	trinken
drive	drove	driven	fahren
eat	ate	eaten	essen
fall	fell	fallen	fallen
feed	fed	fed	füttern
feel	felt	felt	fühlen
fight	fought	fought	kämpfen
find	found	found	finden
fly	flew	flown	fliegen
forget	forgot	forgotten	vergessen
get	got	got	bekommen, gelangen
give	gave	given	geben
go	went	gone	gehen
grow	grew	grown	wachsen
hang	hung	hung	hängen
have	had	had	haben
hear	heard	heard	hören
hide	hid	hidden	verstecken
hit	hit	hit	schlagen
hold	held	held	halten
hurt	hurt	hurt	verletzen, wehtun
keep	kept	kept	(be-)halten
know	knew	known	wissen, kennen
lay	laid	laid	legen
lead	led	led	führen

infinitive	*simple past*	*past participle*	*Bedeutung*
learn	learned / learnt	learned / learnt	lernen
leave	left	left	(ver-)lassen
lend	lent	lent	verleihen
let	let	let	lassen
lie	lay	lain	liegen
lose	lost	lost	verlieren
make	made	made	machen
mean	meant	meant	meinen, bedeuten
meet	met	met	treffen
pay	paid	paid	zahlen
put	put	put	setzen, stellen, legen
read	read	read	lesen
ride	rode	ridden	fahren, reiten
ring	rang	rung	klingeln, anrufen
run	ran	run	rennen
say	said	said	sagen
see	saw	seen	sehen
sell	sold	sold	verkaufen
send	sent	sent	schicken, senden
shake	shook	shaken	zittern, schütteln
shoot	shot	shot	schießen
show	showed	shown	zeigen
sing	sang	sung	singen
sink	sank	sunk	sinken, untergehen
sit	sat	sat	sitzen
sleep	slept	slept	schlafen
speak	spoke	spoken	sprechen
spend	spent	spent	verbringen, ausgeben
stand	stood	stood	stehen
steal	stole	stolen	stehlen
swim	swam	swum	schwimmen
take	took	taken	nehmen
teach	taught	taught	lehren
tell	told	told	erzählen
think	thought	thought	denken
throw	threw	thrown	werfen
understand	understood	understood	verstehen
wake (up)	woke (up)	woken (up)	aufwachen, wecken
wear	wore	worn	tragen (Kleidung)
win	won	won	gewinnen
write	wrote	written	schreiben

Register

M

N

O

P

Q

R

S

T

U

Register

V

W

Z